「複業力」で変わる働き方、そしてお金と自由

ポートフォリオ型キャリアの作り方

染谷昌利

インプレス

はじめに

近年、「副業」という言葉が広く浸透し、さらに「複業」や「パラレルキャリア」という働き方に注目する人が増えています。2016年に日本語版が発売され、瞬く間に40万部を超えるベストセラーとなった『LIFE SHIFT（ライフ・シフト）』でも、〝ポートフォリオワーカー〟という言葉で新しい働き方が提唱されています。

「ポートフォリオ」とは、もともと金融業界の「金融商品の組み合わせ」を意味する用語ですが、ポートフォリオワーカーとは、単一の職種や雇用形態に縛られず、複数の仕事やプロジェクトを組み合わせて柔軟にキャリアを構築する人を指します。

しかし、「複業」や「副収入を得る」というと、ハードルが高いと感じる人も少なくありません。「ただでさえ本業が忙しいのに、別のことをやる時間なんてない」「自分にはお金を生み出すスキルなんてない」と考える人も多いでしょう。

確かに、「副業」と言うとコンビニエンスストアや飲食店などで、本業の合間に時給で稼ぐスタイルを想像する人もいるかもしれません。あるいは、特殊な技能が必要だというイメージを持っている人もいるでしょう。しかし、本書で解説する「複業」をベースとしたポートフォリオワークは、時間を切り売りするようなスタイルや特殊な技能が必須というわけではありません。自分の空いた時間を活用し、好きなことや得意な分野で気軽に始めることができます。

「うちの会社は副業禁止だから」

これもよく聞くセリフです。もし、「あなたの趣味が、実は副収入のきっかけになる」と言われたらどうでしょうか。「趣味を収益化するなんて、それこそ特別な人しかできないことだ」と思う人も多いかもしれません。では、「趣味」と「副業」の違いはなんでしょうか？

一つの要素として「金銭的な収入が発生する」ということが挙げられます。

副業禁止の会社に勤務しているのであれば、急いで金銭を発生させなくても構いません。それよりも、いつでもお金を生み出せる状態にしておくことが重要です。そのきっかけとなるのが、あなたの趣味や得意分野です。

例えば、キャンプが大好きな人がいたとします。「キャンプ場の予約、テント、コンロ、食材、キャンプファイヤー、朝食後のコーヒーまで準備するから、割り勘で遊びに行こう」というのは趣味です。しかし、「キャンプ場の予約はもちろん、冬でも暖かいテント、使い勝手の良いダッチオーブン、厳選された食材、盛り上がるキャンプファイヤー、朝食後の焙煎したてのコーヒーまで全部準備するので、1000円だけ上乗せしてもいい？」とすれば、収益化が可能です。参加者が20人集まれば2万円の利益が出ますし、みんなが楽しめて自分も楽しい。キャンプの楽しさに目覚める仲間が増えるかもしれません。

私自身、もともと趣味で食べ歩き日記や興味のあるテーマについてのブログを書いていました。2010年にスマートフォン「XPERIA」を購入した際、従来のガラケーとはまったく異なる操作に戸惑いました。さらに、私と同様に使い方に困っている人が多いことにも気づきました。そこで「自分の試行錯誤が誰かの役に立つかもしれない」と考え、端末の使い方やアプリの使用方法を解説するブログを新たに立ち上げました。当時はスマートフォンに関する情報がまだ少なく、次第に多くの読者が私のブログを訪れるようになり、ブログは月に100万回以上も閲覧されるまでに成長し、広告収入も家計を支えられるほどの額に達しました。

この経験を通じて、インターネットを活用した集客や収益化のノウハウを確立し、自身のブログや講演活動などを通して情報提供を続けた結果、後に書籍を出版する大きなきっかけとなったのです。今ではありがたいことに関わった書籍も50作に到達しています。

このように、趣味や得意なことを少し工夫してお金をいただくことで、趣味が収入や経験を生み出す「ポートフォリオ」に変わるのです。何か特別なことをしているように感じますか？

いつからか人生100年時代と呼称されるようになり、老後2000万円問題という新しい問題も発生しています。もはや60代で会社をリタイアする時代ではなく、自分の力で一生お金を稼いでいかなければいけない時代に突入しているのです。

どうせ稼ぐなら、楽しく働きたいと思いませんか？　この書籍では、キャリアを充実させるための具体的なポートフォリオ構築方法を紹介します。一緒に歩んでいきましょう。

染谷昌利

第3章 セルフプロモーション力

第4章 発信力

第6章 コミュニティ構築力

第7章 継続力

第1章

ポートフォリオ型キャリアが求められる理由

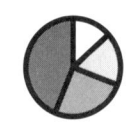

社会のルール・常識は変わる

一昔前の日本の働き方は、一つの会社に勤務してキャリアやスキル、給与を伸ばしていくことが一般的でした。しかしながら現在は企業が競争力を維持するために、労働力の適切な配置や組織の再構築が必要な時代になっています。また、労働法や雇用規制の緩和や、労働者の価値観やキャリア意識の変化などにより、終身雇用制度よりも柔軟な雇用形態が求められるようにもなりました。

2018年あたりから、**副業・複業・パラレルキャリア**という言葉が使われるようになり、新しい働き方として浸透してきています。この本を手に取ってくれたみなさんの周りでも、副業に興味を持っている、あるいはすでに副業を始めている人も出てきているのではないでしょうか。

副業容認の大きな要因の一つとして、日本政府が掲げた「働き方改革」という方針が挙げられます。

2018年1月に厚生労働省が「副業・兼業の促進に関するガイドライン」を発表しました。同時に同省が提示していた「モデル就業規則」を改定し、労働者の遵守事項の「許可なく他の会社等の業務に従事しないこと。」という規定を削除し、副業・兼業について規定を新設しました（第14章第67条）。

「副業・兼業の促進に関するガイドライン」についての詳細な解説は割愛しますが、要は**モデル就業規則の内容が「原則副業禁止」から「原則副業自由」に変換された**わけです。

労働者としては収入源が一社の給与だけというのは、先行きの見えないこの時代では大きなリスクになります。突如として倒産する企業もあれば、業績不振でリストラを断行する企業もあります。

その**リスクは複数の収益源を作っておくこと、つまりポートフォリオ型キャリアを構築しておくことで回避**できます。収入がいきなりゼロになることは準備によって防げるのです。さらに複数の収益源があるということは、人生の選択肢を増やすことにも繋がります。給料は下がっても昔から夢だった職に就きたい、副業で得た資金でデザインスクールに通いたい、思い切って独立したいなど、一つの会社からの給与の他に収入があることで、心の余裕が生まれ、新たなチャレンジに踏み出しやすくなるのです。

▼副業意向が過去最大に

副業人材マッチングサービス「lotsful」を展開する、パーソルイノベーション株式会社が定期的に行っている「副業に関する定点調査」では、**副業経験、今後の副業意向はどちらも2022年5月の調査開始から過去最大に**なるという結果が出ています（図表1-1、1-2）。

労働者が自由な働き方を求めるようになると、企業側も一社に縛り付けておくような雇用形態では優秀な人材を繋ぎ留められない状況になります。

なぜなら副業を禁止することで、能力の高い社員の離職を促進してしまう可能性があるからです。優秀な人材であればあるほど引く手あまたで、なおかつ少子化による労働力不足も相まって、条件の良い企業に転職してしまうリスクが発生します。0：100で人材を失ってしまうのか、それとも業務量は50：50になったとしても在籍してくれるのかは大きく違います。また副業が一般化されることで、他の会社に勤めている優秀な人材を自社に招き入れるチャンスも生まれます。

図表1-1　副業経験者の推移（2022年5月〜2024年2月）※直近半年の経験

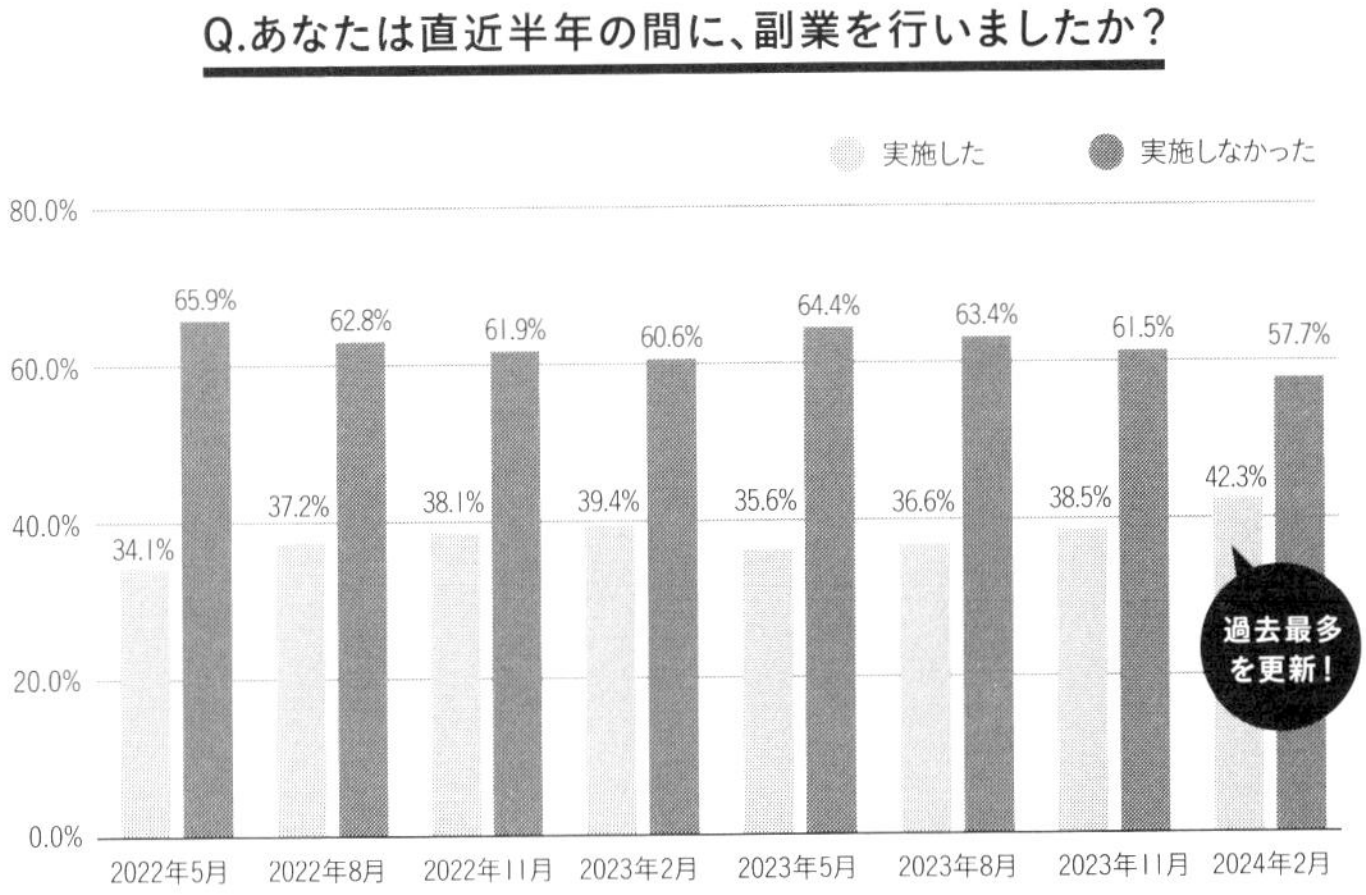

図表1-2　副業意向の出現率推移（2022年5月〜2024年2月）※今後半年の意向

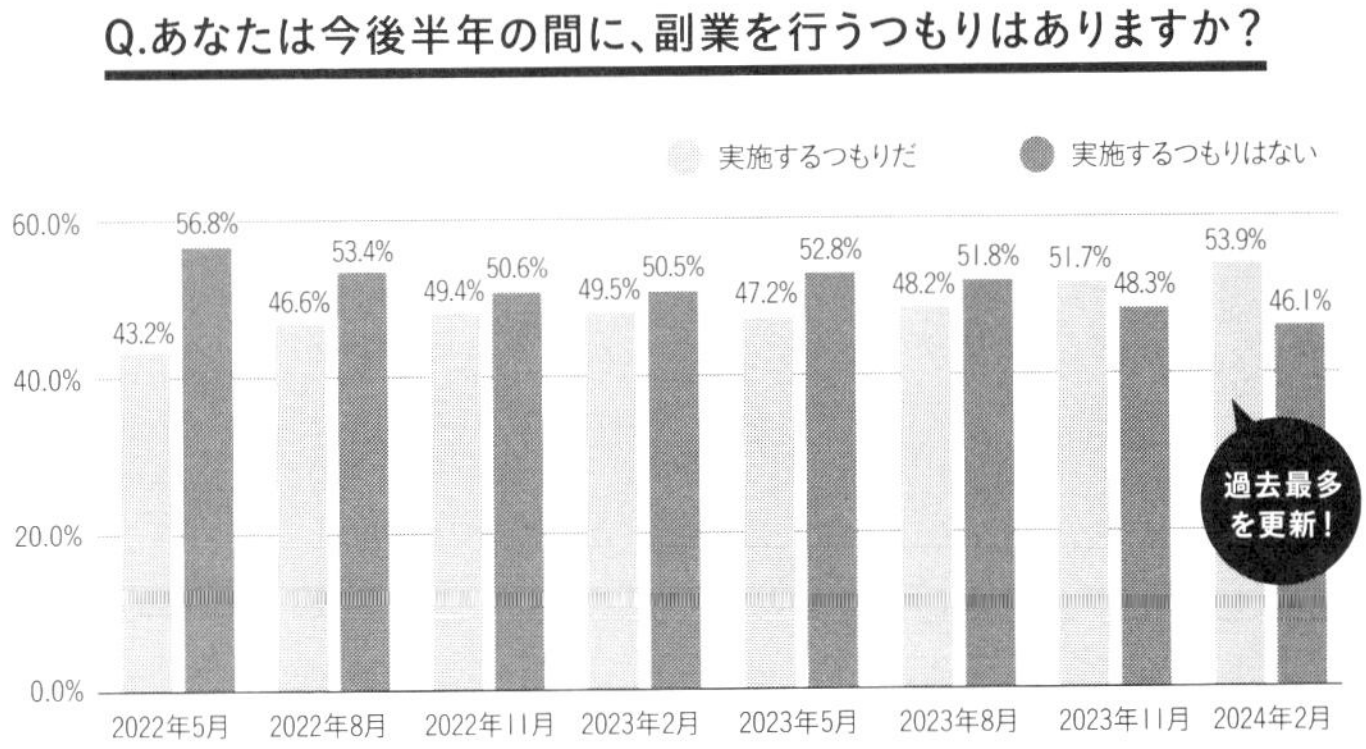

出典：図表1-1、1-2ともに副業人材マッチングサービスlotsful、副業に関する定点調査（2023冬）
（https://lotsful.jp/news/301）

現在の日本は労働力不足のフェーズに突入していますが、**優秀な人材は複数の仕事を請け負いつつ自分の人生を楽しんでいくことができる**でしょう。逆に準備（スキル）の足りない人はまったく仕事がなくなる世界になるかもしれません。

本業の時間外に動画編集の業務委託を請け負う、自分の知識や経験を活かして講演する、ブログやSNSで情報発信をして広告収入を得る、セミナーを販売する、企業や行政機関のアドバイザーとして伴走する、自身のノウハウを盛り込んだ書籍を出版する、オンラインスクールを運営する、など副業には様々な種類があります。これらの事例はすべて私も取り組んできたことです。コロナ禍を経て、リモートワークが普及したことで、通勤に使っていた時間を有効活用することもできるようになりました。

さらに、第5章で説明しますが、ここ数年で数多くの複業・副業マッチングプラットフォームが誕生しています。マッチングサービスを利用することで、様々な場所で自分のスキルを試すことも可能になりました。

私は自分の力でお金を稼ぐ力を身につけることは、**これからの激動の時代を楽しく生き抜く上で非常に重要な要素**だと考えています。会社に勤めながらも、本業以外の仕事でお金を稼ぐことができたなら、稼ぐための準備をしていたなら、あるいはコネクションや能力を伸ばしておいたならば、急激な時代の変化に対応できるのです。

もちろん本業でたくさん稼いで、何かあっても何カ月は耐えられるような状況にしておくというのも一つの方法ですし、本書で解説する副業と本業の仕事を合わせて収入源を増やしておくことも一つの方法です。あるいは資産運用、例えば株式投資や不動産投資といったあまり手をかけなくても副収入が入ってくるような仕組みを構築するのもいいでしょう。

▼これからの時代、キャリアのポートフォリオ化は必須に

アメリカの格言に「Don't put all your eggs in one basket.（卵を一つのかごに盛るな）」という言葉があります。

卵を一つのかごに盛ると、万が一、かごを落としてしまった場合、全部の卵が割れてしまいます。でも卵を複数のかごに分けて盛っておけば、一つのかごを落として卵が割れて駄目になったとしても、他のかごの卵はもちろん無事です……当たり前の話ですよね。

でもこの当たり前の話を数学的に理論として証明して、ノーベル経済学賞を授与された学者がい

ます。それがハリー・マーコウィッツという経済学者で1990年に「資産運用の安全性を高めるための一般理論形成」という研究でノーベル経済学賞を受賞しています。

この理論では資産運用における現代ポートフォリオ理論として、分散投資の重要性について述べられています。資産運用とかポートフォリオという言葉を使うと小難しく感じますが、日常生活における収入の分散化にも同じことが言えます。

そして自分のキャリアやスキルも一つのポートフォリオになります。**多くのポートフォリオを持っておくことがこれからの時代のアピールポイント、あるいはリスクヘッジに**なります。

とはいえ、いきなり副業に取り組みましょうと促されても、すぐ行動できる人は決して多くありません。まず自分のキャリアを見つめ直し、一つの副業にチャレンジしてみる。次第に社外でいくつかのプロジェクトに取り組むことができるようになれば、副業から複業へ変わってきます。そして副業で得たスキルやキャリアを言語化し、ポートフォリオとして構築することがこれからの時代に必要になってくるでしょう。

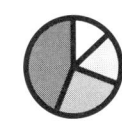

副業禁止の会社に勤務していても準備はできる
～信用度を高める五つのアクション～

副業が認められている会社であれば、自分の意欲さえあれば副業を開始することができます。ですが、残念ながら現状の日本で副業を推奨している会社はまだ多くありません。

一般的に「本業以外の仕事で収益を得ている業務」のことが副業と認識されていますが、実は法律で「副業」に関して明確な定義はありません。会社規定や就業規則によって、**本業に影響が出る恐れがあるため副業を禁止している会社が大半**です。

そもそも会社規定は厚生労働省が公開している〝旧〟モデル就業規則内で記載されていた、「許可なく他の会社等の業務に従事しないこと」を参考に作られている場合が多く、厚生労働省がモデル就業規則を改定したように、何十年も前に作られた会社の就業規則も改訂の時期が訪れているわけです。

時代の変化により会社に隠れてこっそりと副業に取り組む人もいるでしょうが、就業規則を気にして二の足を踏んでいる人が大多数ではないでしょうか。とはいえ、**会社の方針変更を待たなくても、行動に移せることはたくさんあります**。

副業が「本業以外の仕事で収益を得ている業務」を指しているとすると、収入を得ていなければ副業には当たりません。単なる趣味の延長線上です。言葉遊びに感じるかもしれませんが、後ろめたい気持ちが少しでもポジティブになるのであれば、言葉遊びにも十分意味があります。

この節では、**自分自身の信用度や影響力を向上させる点にフォーカスして、すぐにでもやっておきたい五つのアクション**をご紹介します。趣味の延長線上の活動でも、それによって自分の信用度や影響力を高めておけば、後々ビジネスに繋げていくことが容易になります。

▼アクション①　自分のキャリアの棚卸しをする

まず自分のキャリアの棚卸しをすることが重要です。これまでの経験やスキルを振り返り、自分が何を得意とし、どの分野で価値を提供できるかを明確にしましょう。棚卸しをすることで、自分の強みや市場価値を再確認できます。

手順としては、**これまでの職務経歴や取得した資格、プロジェクトの成果などをリストアップし、それをもとに自分のアピールポイントを整理**します。この作業は、就職活動や昇進の際にも役立ちますし、副業のプロジェクトに応募する際にも非常に有効です。定期的にキャリアの棚卸しを行い、常に自分の市場価値を把握しておくことが、ポートフォリオ作成への第一歩です。

アクション②　情報発信力を鍛える

情報発信力は、現代のビジネスシーンで欠かせないスキルです。ブログやSNS、ユーチューブなど、個人が情報を発信できるプラットフォームが多様化している中で、自分の考えやノウハウを効果的に発信できる能力は大きな強みになります。

特に案件を得たいときは、自分の活動を広く知ってもらうことが重要です。**定期的に質の高いコンテンツを発信することで、フォロワーや読者との信頼関係を築き、影響力を高める**ことができます。例えば、専門的な知識を記事や動画で提供することで、同じ興味を持つ人々とのネットワークを広げることもできます。情報発信力を高めるためには、自分の専門分野に関する最新情報を常に収集し、わかりやすく発信する技術を磨くことが必要です。詳細は第4章で解説します。

▼アクション③ 自分の趣味がお金にならないか調べる

自分の趣味や特技がお金になるかどうかを調べることも、副業を始める上で非常に有益です。趣味を活かして収益を得ることができれば、楽しみながら副収入を得ることができます。

例えば、ハンドメイド作品を作るのが好きな人は、minneやCreemaといったプラットフォームで作品を販売することができます。また、写真撮影が得意な人は、スナップマートなどで自分の写真を販売することが可能です。他にもエクセルを使った業務効率化が得意であればDX支援の案件に、デザインスキルがあれば制作の案件にチャレンジすることができます。

副業禁止の会社に勤めていても、プロボノ活動※1などの選択肢も考えられます。「できることから試してみる」くらいの感覚で、一歩踏み出してみるのが良いでしょう。

このように自分の得意分野を活かした収益化の方法は数多くあります。重要なのは、**自分の趣味やスキルをどのようにビジネスに結びつけるかを考え、実際の行動に移す**ことです。

アクション④ 勉強会やイベントに参加する

スキルの向上や人的ネットワークの構築には、勉強会やイベントに参加して知識や経験、同じ目標を持っている人との繋がりを広げることが欠かせません。

会社という枠を超えて外部の勉強会やセミナーに参加することで、最新の情報を取得し、同じ志を持つ人々と交流することができます。Peatixなどのイベント管理サービスを活用して、自分の方向性に合った勉強会を探してみましょう。**勉強会やイベントに参加することで、新たな知識を取得したり、ビジネスパートナーを見つけたりすることができるかも**しれません。学者や研究者から学びたい場合は、求める内容に沿った学会を探してみても良いでしょう。

最近ではオンラインでの勉強会も増えているので、時間や場所に縛られずに参加することが可能です。勉強会やイベントを通じて得た知識や人的ネットワークは、副業を成功させるための大きな

※1：職業上のスキルや専門知識を無償で提供する社会貢献活動のこと

財産となります。

▼アクション⑤ 自分を中心としたコミュニティを運営する

自分を中心としたコミュニティを運営することも重要です。**コミュニティのリーダーとして活動することで、自分の影響力を高めるだけでなく、同じ目標を持つ仲間とともに成長する**ことができます。リーダーと言っても指導者的な堅いイメージではなく、一歩先を歩く先輩のようなポジションで十分です。

例えば、趣味や専門分野に特化したオンラインサロンを運営することで、参加者と情報を共有し、互いに学び合う場を提供することができます。コミュニティを運営する際には、参加者が価値を感じるコンテンツを提供し、継続的にコミュニケーションを取ることが重要です。また、オフラインのイベントやワークショップを開催することで、より深い交流を図ることもできます。

コミュニティ運営は時間と労力が必要ですが、その分得られるリターンも大きいです。自分を中心としたコミュニティを築き上げることで、様々なリスクを軽減させることが可能になります。詳細は第6章で解説します。

このように、副業禁止の会社でも活動できることは数多くあります。限られた状況の中でも、自分の意欲と行動力を信じ、積極的な一歩を踏み出すことで、新たな可能性が広がるでしょう。

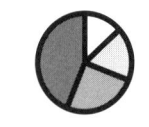

お金を得ることだけが副業ではない
〜副業の三つのメリット〜

一昔前は「副業＝時給で働くアルバイト」という、お小遣いを稼ぐイメージが強くありました。ですが、現在では副業には単に副収入を得るということだけではなく、多くのメリットがあります。特に大きなメリットとして挙げられるのが「スキルアップ」「人的ネットワークの構築」、そして「リスクマネジメント」です。

▼メリット① スキルアップ

これからの社会において、スキルアップし続けることは極めて重要です。競争が激しいビジネス環境では、多様なスキルを持つことが第一線で生き残っていく鍵になります。単一の専門分野だけでなく、幅広いスキルを習得することが求められることも多くなりました。なぜなら知識や経験を組み合わせ、多様な分野で柔軟に対応できる人材の価値が高まっているからです。

幸いにも副業を通じて新しいスキルや経験を習得しつつ、副収入や新しい人的ネットワークを得る機会が普及しつつあります。現在の職場では経験できない分野に挑戦することで、自己成長を促進させることができます。また、独自のプロジェクトを立ち上げることで、リーダーシップやイノベーション力を養うことも可能です。これらの**体験を積み上げ、ノウハウやスキルをポートフォリオ化することで、将来のキャリアにおいて大きなアドバンテージを得る**ことができます。

そして**複数のスキルを保有することは、時代の変化に対応するための必須条件**にもなっています。技術や市場の変化が激しい現代においては、常に新しい知識やスキルを吸収し、自己成長を続けることが求められます。様々な分野でスキルを磨くことで、自己の価値を高め、将来の不確実性に備えることができます。

▼ メリット②　人的ネットワークの構築

ビジネスの世界では、人との繋がりは大きな役割を果たします。副業を通じて新たな人的ネットワークを築くことは、将来のキャリアにおいて大きな影響を与えるでしょう。

また副業を通じて、他の業界・分野の専門家との交流も発生します。その場で**得たアイデアや経験、スキルを、現在の職場にフィードバック**することで、それまでは解決できなかった課題を乗り越えるきっかけになることもあります。

さらに、人的ネットワークは**情報の共有や相互サポートの場**でもあります。多彩なバックボーンを持つ専門家や、気の合うメンバーとの情報交換を通じて、最新のトレンドや市場動向を把握することができますし、同じような目標を持つ人との交流は、モチベーションの維持や問題解決の手助けにもなります。副業を通じて築いた人的ネットワークは、将来の成功において不可欠な資産となるでしょう。

「異業種交流会や勉強会に参加して人脈を広げよう」という声もよく聞きます。異業種交流会に参加すること自体は決して悪いことではありませんが、名刺交換だけに注力している人も見かけます。残念ながら名刺の枚数と人脈はまったく関係ありません。いくら名刺交換をしたからと言って信頼関係が構築されていなければその後の展開はありません。**信頼関係を構築するためには、自分の持っているノウハウや経験を積極的に提供**することが大切です。「この人の話をもっと聞きたい」と感じてもらうことが、人的ネットワーク構築の第一歩です。

今はSNSが普及しているので、フェイスブックなどでゆるく交流を図りつつ、自分の得意分野の情報を発信したり、困りごとを抱えている人にアドバイスしたりして、知り合った方からの信頼度を向上させましょう。自分が困ったときに助けの手を差し伸べてくれるような関係性になって初めて人脈となります。

自分が動かない限り、新たな出会いは生まれません。**会社内という限られた環境での知識と、複数の業界の人間と情報交換して得た知識はまったく違います。**あなたの得意分野の情報やノウハウを提供することで、相手はあなたのことを信頼し、関係性は深まっていきます。

▼メリット③ リスクマネジメント

これまで紹介した二つはポジティブな要素でしたが、リスクマネジメントに関してはネガティブな現象に対応するための準備となります。

現在の社会で絶対に安全ということはありません。JTBやANAなどの大企業でも、新型コロナウイルスというブラック・スワンによって巨額の赤字を抱えてしまう時代です。突如として働き先がなくなってから転職先（収入源）を探すのと、事前に準備していた人とでは気持ちや金銭面の余裕度は大きく変わります。

予期せぬ事態や問題が発生した際に、それらに対処するための準備をしていたかによって、被害の大きさは変動します。ここでは、キャリアにおいて考えられる大きなリスクと対処法を紹介します。

失業リスク

現在勤務している会社が、突然倒産するという未来を考えたことがあるでしょうか。経済の不況や競争の激化、為替の変動、あるいは経営者の不正行為など、様々な要因が倒産の原因となり得ます。このような状況に陥った場合、急に仕事を失う危険性があります。

私が最初に就職した会社は就職情報誌の会社です。当時は辞書や電話帳のような就職情報誌や、ダイレクトメールが就職ツールとして一般的でした。それが1996年から1997年にかけて、「リクルートナビ」というサービスが展開され、就職情報誌業界の常識は一変しました。ハガキでの資料請求からインターネットへ、就職活動のスタイルが大きく変わったのです。私が勤務していた会社はインターネット化の流れに乗り切れず、数年後に閉業することになりました。また3社目として勤務していた不動産会社では、2006年あたりから始まったプチ不動産バブル（ファンドバブル）に乗り株式上場し、2008年には最高益を出したものの、同年に起きたリーマン・ショックの影響により2009年の決算では大きな損失を発表し、事業の縮小に向かいました。

現在もAIなどの技術革新によって、失われていく仕事は数多くあります。気づかないうちに、あなたの足元にも忍び寄っているかもしれません。**失業リスクに対処するためには、副業を通じて収入の多様化を図ることが重要**です。あるいは積極的に人的ネットワークを構築し、**他の業界や分野でも活躍できる機会を持つことも有効**です。これにより、万が一の場合にも、他の職場や案件への移行をスムーズに行うことが可能になります。

健康リスク

突発的な健康問題やケガにより、仕事に支障をきたす可能性も考えられます。このような状況では、収入が途絶えることはもちろん、医療費や治療にかかる費用も懸念されます。

健康リスクに備えるためには、健康管理を徹底し、適切な休息やストレス解消を心がける必要があります。さらに投資等の資産の積み立てを行い、非常時のための資金を準備しておくことも重要です。

特に、副業を行う場合、本業との両立による過労やストレスが原因で健康を害することがあります。本書では複数のスキルや役割、地位を取得し、ポートフォリオ化することを推奨していますが、**過度な活動によって体調を崩してしまったら本末転倒に**なってしまいますので、バランスを取りながらキャリアの構築を進めていきましょう。

市場変化リスク

ビジネス環境は常に変化しており、市場の需要やトレンドも流動的です。特に、技術の進歩や新興企業の台頭により、活況だった業界や職種でも需要が低下する可能性があります。同時に、求められるスキルも変わってきます。結果として、収入が急激に減少するリスクが生じます。

市場変化リスクに対処するためには、**常に市場動向やトレンドを把握し、自己のスキルやサービス、ポートフォリオをアップデート**する必要があります。また、将来のために積極的に資産運用を行い、安定した収入源を確保することも有効です。

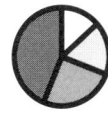

副業と複業の大きな違い

副業と複業の違いは、一見すると「副」と「複」の一文字違いなので、小さなものに思えるかもしれません。しかしながら、その背後にはキャリアの考え方やアプローチにおける大きな違いがあります。

副業は本業を補完するものとして捉えられることが多く、その主な目的は追加収入の確保です。例えば、平日は企業に勤め、週末にウェブライターの仕事や家庭教師のアルバイトをするといったケースです。

一方、**複業は、複数の職業やプロジェクトを並行して行うことにより、キャリアを多角化し、リスクを分散させるというアプローチ**です。複業は本業と副業の境界が曖昧であり、すべての仕事が相互に関連し合うことで高い効果を生み出すことを目的としています。複業においては、各仕事が単なる収入源ではなく、個人のスキルや知識、経験を深める手段となります。

例えば、平日は会社員としてマーケティングの仕事をし、夜はマーケティングに関するブログを執筆し、週末にはオンライン講師としてマーケティングを教えている場合、この人は単なる「副」業者ではなく、「複」業者といえます。活動はすべて相互に補完し合い、個々の活動が別々のものとして存在するのではなく、一つの統合されたキャリアとして機能します。

また、複業はスキルの多様性をもたらします。異なる職業やプロジェクトを通じて得られる経験や知識は、本業においても大いに役立つことがあります。例えば、ITエンジニアが、個人でプログラミングの勉強会を実施することで、教育スキルや言語化力を学ぶことができ、それが本業のITプロジェクト管理に活かされることもあります。これにより、自身の市場価値が高まり、キャリアの柔軟性が向上します。

複業のもう一つの利点は、ネットワークの拡大です。異なる分野で働くことで、様々な業界の人々と接する機会が増えます。これにより、知識の交換や新たなビジネスチャンスが生まれる可能性が高まります。多様なネットワークを持つことで、より多くの情報にアクセスできるようになり、自身のキャリアをさらに発展させることができます。

総じて、副業は追加収入を得るための手段として捉えられることが多い一方で、複業はキャリアを多角化し、リスクを分散し、自己実現を追求するための包括的なアプローチとなります。これからの時代、単一のキャリアパスに依存することなく、複数の職業やプロジェクトを通じて多様なキャリアを築くことが重要となるでしょう。

複業と「ポートフォリオ化」の違いは？

さらに「複業」と「キャリアのポートフォリオ化」には微妙な違いがあります。ここでは、その違いを明確にしつつ、その重要性について解説します。

複業は、実際に複数の業務に取り組むことを意味します。そして業務においての成果物、例えばデザイナーが制作したロゴマーク、エンジニアが制作したウェブサイト、最近ではライターでも記名記事などをポートフォリオとして取り扱います。さらに一歩進んで、**キャリアのポートフォリオ化は、個々の仕事やプロジェクト、成果物、スキルを一つの大きな枠組みの中にまとめ、自分自身の独自性や専門性を強化する方法**です。ポートフォリオ型キャリアでは、各活動が相互に関連し、補完し合うことで、全体としてのキャリアが一層強固なものとなります。

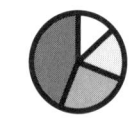

ポートフォリオ型キャリアが求められる理由

ではなぜこれからの時代において「キャリアのポートフォリオ化」が重要なのでしょうか。

一つは急速な技術革新により、**労働市場の変化**が大きくなっていることが挙げられます。単一の職業やスキルに依存するリスクが高まり、多様なスキルを持つことが求められます。企業は専門的なスキルだけでなく、クリエイティブな思考や問題解決能力、コミュニケーション能力といった、幅広いスキルを持つ人材を求めています。キャリアのポートフォリオ化は、これらの多様なスキルを実際の経験を通じて身につけ、証明する方法となります。

また、**個人のライフスタイルや働き方に対する価値観の変化**も大きな理由の一つです。より柔軟な働き方を求め、自己実現やワークライフバランスを重視する人も増加しています。キャリアのポートフォリオ化により、個人は自分の興味や情熱を追求しながら、異なる仕事やプロジェクトに取

図表1-3　著者（染谷）のポートフォリオ

スキル、経験	実績
採用・教育	商業出版（単著・共著・監修・編集協力50冊）
情報発信スキルの解説	オウンドメディア運営
コンテンツ作成	インタビュー・ライティング
動画・映像編集	SNS運用
Webマーケティング	各種講演・セミナー活動
商業出版	ウェブディレクター
コミュニティ運営	YouTubeチャンネル運営
講演・セミナー登壇	地方自治体ITアドバイザー
地方創生	オンラインショップ運営
生成AI	**趣味**
簡易的なウェブサイト作成	筋トレ
オンラインショップ運営	アイドル
ウェブ広告運用	旅行

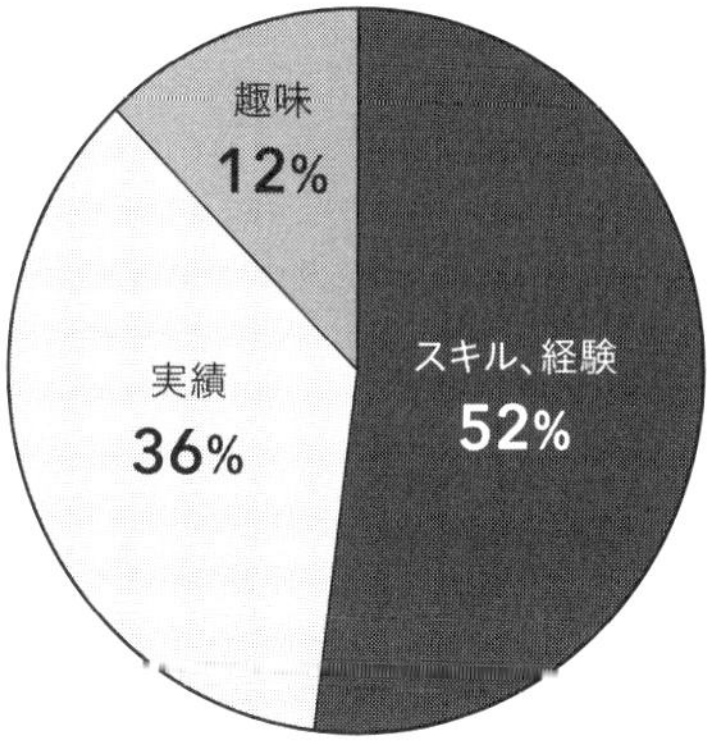

り組むことが可能になり、仕事に対する満足感やモチベーションも向上します。

現在の私のポートフォリオを簡単にカテゴリ分けすると**図表1-3**のようになります。さらにこれらのうち、キャリアに直接的に関連してくる「スキル、経験」「実績」をポートフォリオ化したのが**図表1-4**です。こうすることで、自分の状況や強みが可視化されるのがわかるでしょう。状況や案件に応じて、これらの要素を組み合わせ、適切なポートフォリオを構築して自分自身をＰＲすることができます。これからの時代、単一のキャリアパスに依存するのではなく、キャリアのポートフォリオ化により、企業の多様なニーズに応え、自己の市場価値を高めることが可能となるのです。

図表1-4 ポートフォリオの深掘り

「スキル、経験」のポートフォリオ

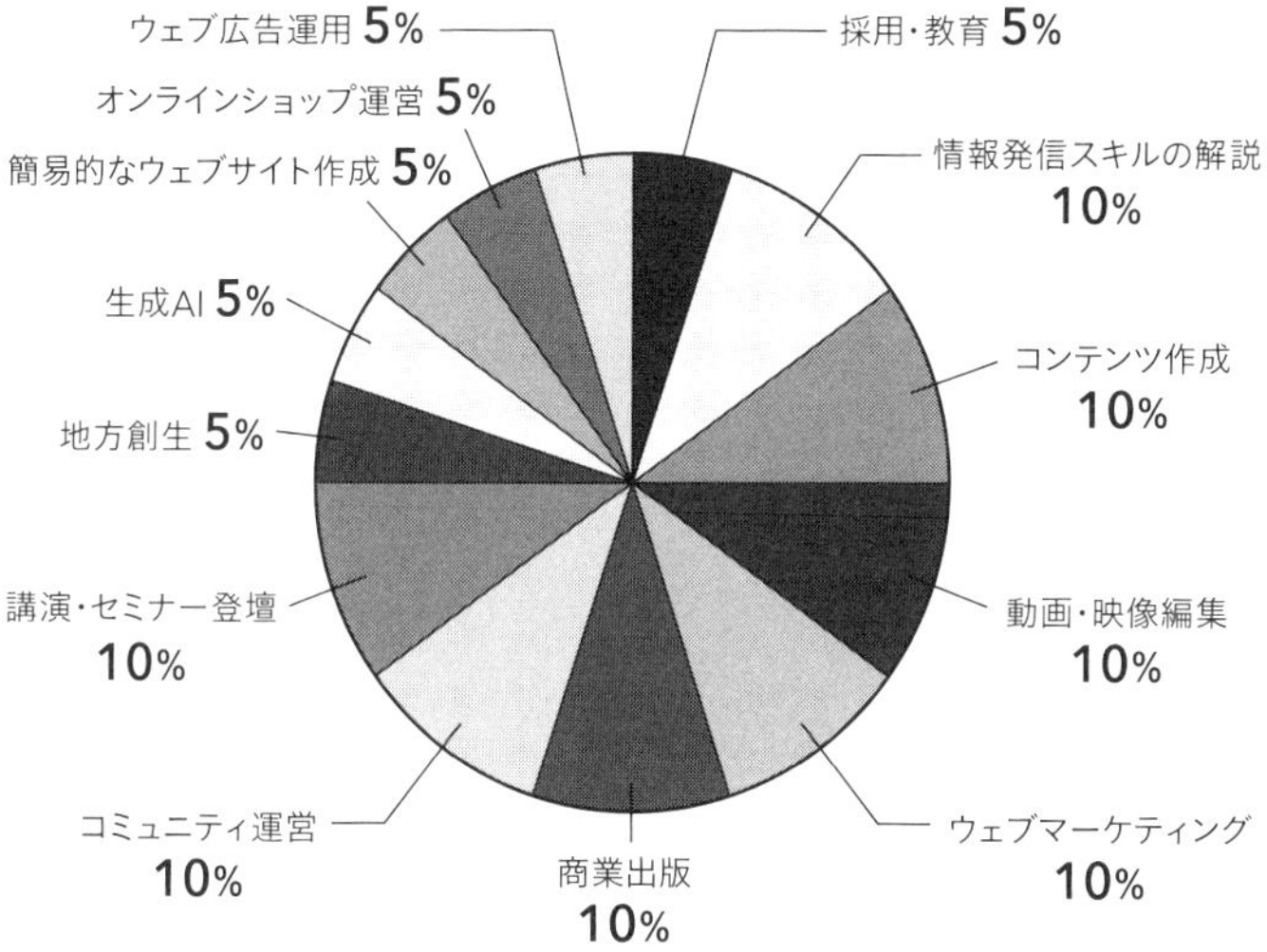

「実績」のポートフォリオ

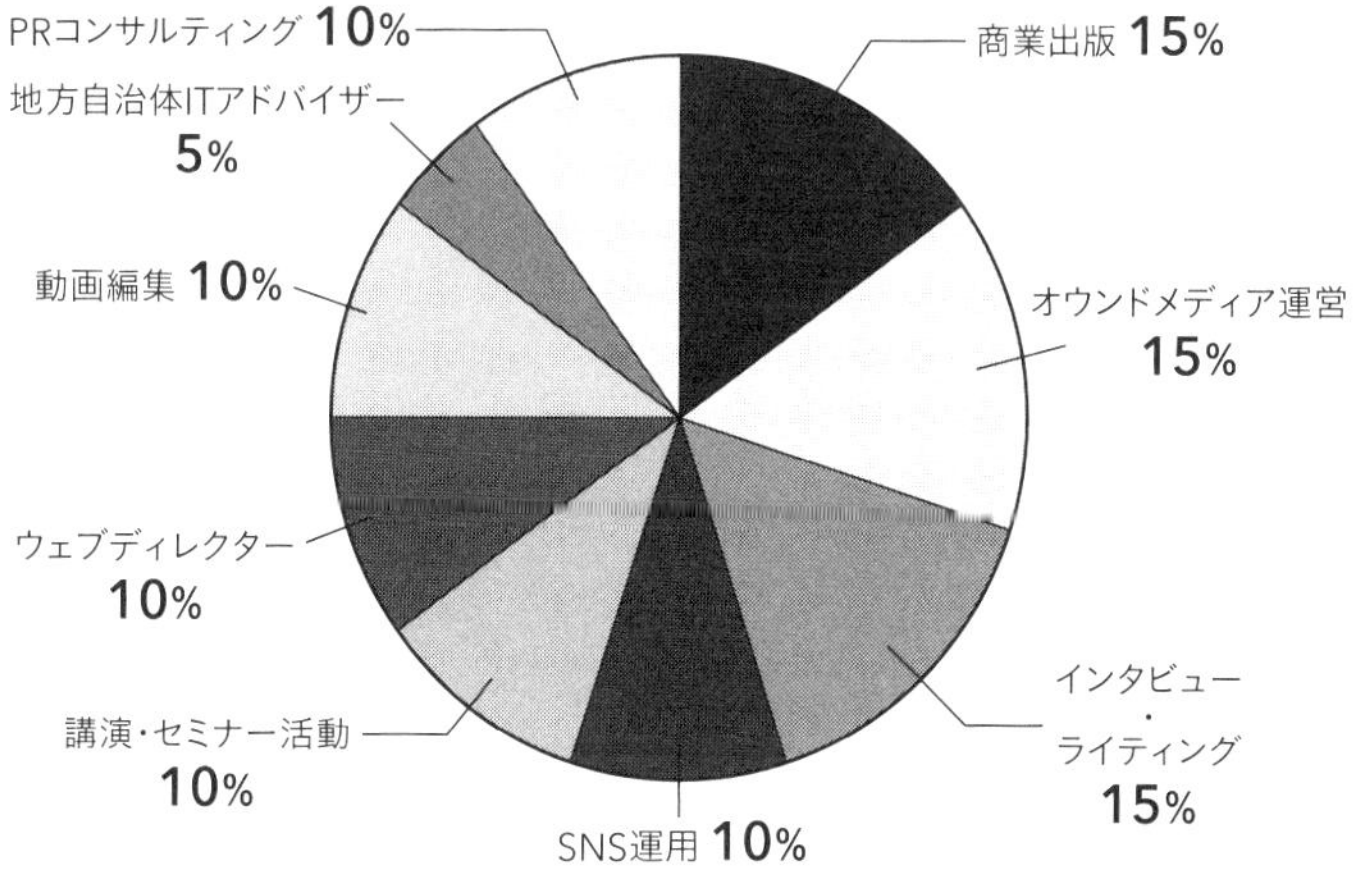

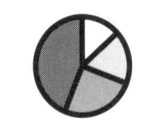

キャリアの棚卸し方法
～実績のポートフォリオ化の方法～

現代のキャリア形成において、単なるスキルや経験の積み重ねだけではなく、それらを体系的に整理し、他者にわかりやすく伝えることが重要です。特に複業やパラレルキャリアを推進するためには、自己の実績を「ポートフォリオ化」することが不可欠です。

とはいえ、「キャリアの棚卸しをしましょう」と粛々と自分の経験を洗い出せる人は多くありません。でも、やり方さえ知ってしまえば難しいことではありません。**棚卸しのコツは、いきなり完成形を求めない**という点です。同時並行でいくつもの作業を行うと、結局うまくいかないことが多いです。**順を追って、丁寧に**進めていくことで、結果として良い成果物に繋がっていきます。

まずは以下の三つのステップに分けて取り組んでみましょう。

▼ステップ①　アウトプットのフェーズ

頭の中にある情報をすべて外に出す段階です。このとき、「こんなこと誰でもできるよな」「人に自慢できるようなスキルじゃないよな」といった否定的な考えは禁物です。

アウトプットにおける重要なポイントはたった一つだけ。「**なんでも良いので、とにかく書き出す**」ことです。この段階で誰かに見せるわけではありませんので、好きに、わがままに、思いの丈を書き殴りましょう。

手書きが好きな人はノートに、キーボード入力が好きな人はワードやグーグルドキュメントに、喋ることが好きな人はボイスレコーダーに、人それぞれやりやすい方法でアウトプットしましょう。

書き出す内容のヒントをいくつか紹介します。

アウトプットの例

●**職務経歴の整理**：これまでの職務経歴を年代順に整理し、それぞれのポジションで達成した具体的な成果や貢献度を明確にします。

- **プロジェクトの詳細**：関与したプロジェクトの詳細を記録し、プロジェクトの目的、役割、達成した成果を具体的に記述します。
- **スキルのリスト化**：身につけたスキルや取得した資格、参加した研修などをリストアップします。
- **成果の数値化**：「売上を20％増加させた」「新規顧客を50社開拓した」などの具体的な数値を記録します。

▼自分の常識は他人の非常識

世の中には**自分では当たり前と思っていても、他人からすると初めて知る情報だ**、ということはよくあることです。

キャリアも同じで「こんなこと誰でもできるはず」と思ってアピールをためらっているのであれば、その考えは捨てましょう。スキルや経験の価値を決めるのは、あなたではなく、採用担当者やクライアントです。自分自身で枠を狭めることは単なる機会損失です。

世の中すべての人がエクセルの関数が得意なわけじゃありません。

世の中すべての人がキャンプ場で火を上手におこせるわけではありません。

エクセルが不得意な人からしてみたら、計算式によって業務の効率化を図っている人を見たら、まるで魔法を使っているように感じることでしょう。自分の業務のサポートをしてもらいたいと思うに違いありません。

複数人でキャンプに行ったとき、買い出し担当・テント張り担当・火おこし担当・料理担当・残った食材を全部食べる担当・会計担当と、得意なことを積極的に選んだりしませんか？　一緒に活動してみて「そんなことできるの？」ってびっくりされたことはありませんか？　それは間違いなくあなたの強みです。

価値の基準は人それぞれ違うということを頭の中に入れておきましょう。

▼棚卸しのための手法

書き出す（脳内の可視化）

もはや手法でもなんでもありませんが、一番シンプルで原始的なアウトプット方法です。ワード・パワーポイント・手書きのメモ・付箋など、思いついた内容を文章でもイラストでも、とにかく書きましょう。

ちなみに私の場合、思いついたことはすぐにメモアプリにメモして自分宛てにメールします。思いつきレベルなので、突拍子もなく内容も薄いのですが、この小さな情報を積み重ねていくことで、自分の思考や得意分野を再確認できます。

マインドマップ

メイントピックを決め、そのメイントピックから思いついたことや分解した内容などを放射状に書き込む手法です（図表1-5）。

脳内のイメージをそのまま図として表すこ

図表1-5 マインドマップの例

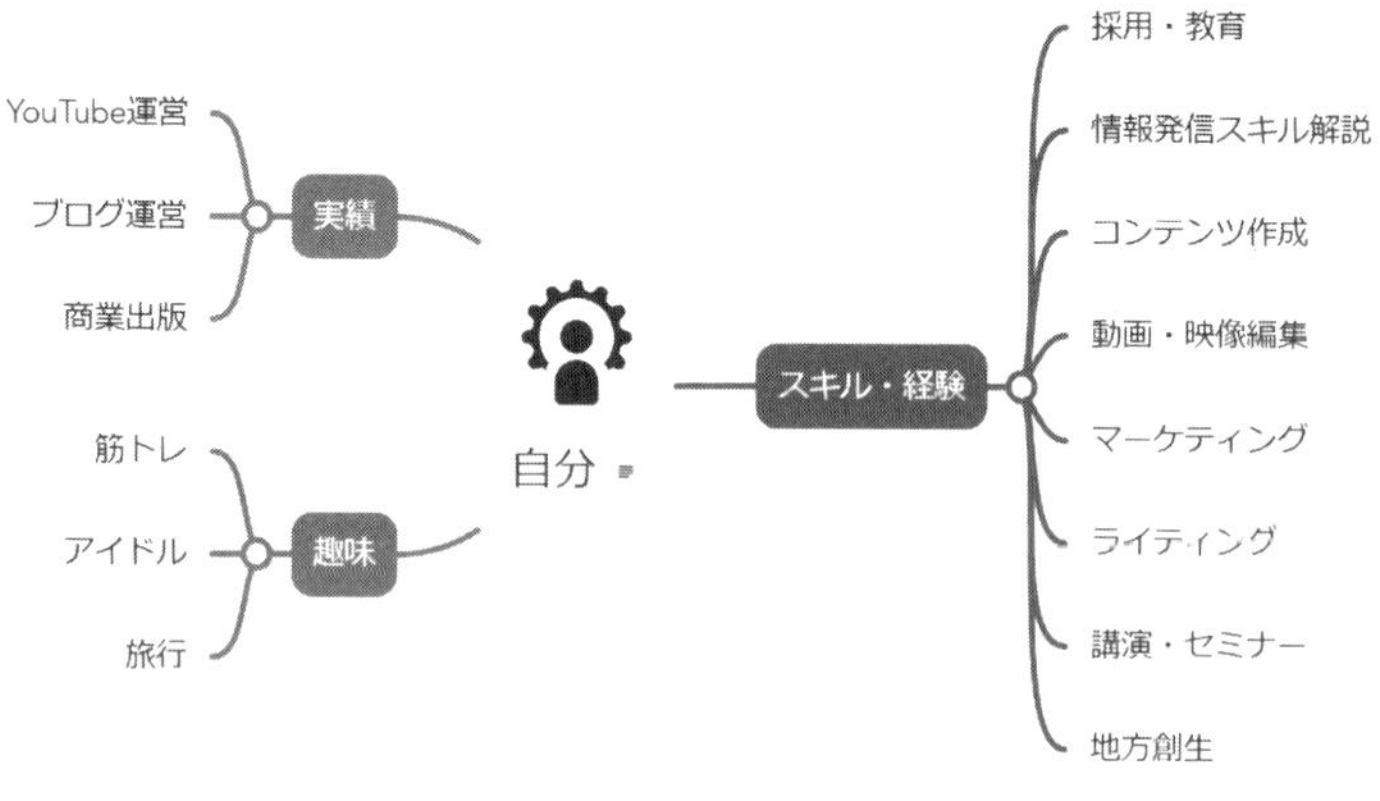

ブラウザ上で無料で利用できる『MindMeister』を用いてスキル・経験、実績、趣味を棚卸しした例

とが特徴で、思考の整理や解決法の発見などに繋げられます。無料で利用できるウェブサービスもあるので、試しに使ってみても良いかと思います。

マンダラート

マンダラート（マンダラチャートとも呼ぶ）とは、目標達成のためのアイデアを9×9のマス目に書き込むことで、思考を整理したり広げたりする手法です（**図表1-6**）。メジャーリーガーの大谷翔平選手も使っており、思考を整理する技法です。発想の広げ方の手順は以下の通りです。

❶縦3マス×横3マス、合計9マスのマス目を作る
❷中心のマス目に、思考や発想を深めたい課題を書く
❸課題を書いたマス目の周りのマスに、課題に関連した語句を思いつくままに記入
❹同様の9マスを周辺8エリアに配置
❺中央の1マス以外の8マスに記入した語句を、新しく作成した8エリアの中央に記載
❻「3」の手順に戻り、繰り返す

図表1-6 マンダラート（マンダラチャート）の例

360度フィードバックの導入	プロジェクト終了後の振り返り	フィードバックの反映	ワークショップに参加	業界イベントへの参加	オンラインフォーラムでの活動	収入源の多様化	投資ポートフォリオの分散化	キャリアパスの柔軟性確保
自己反省の習慣化	フィードバックの活用	他者のフィードバックにオープンになる	SNSの活用	人的ネットワーク	ビジネスパートナー探し	市場トレンドの継続的な監視	リスク分散	保険やセーフティネットの活用
ポジティブなフィードバックの強化	失敗から学ぶ習慣	信頼できる第三者との交流	コミュニティの構築	メンターシップの構築	定期的なランチミーティング	人的ネットワークの多様化	スキルアップへの継続的な投資	リスク管理計画の策定
実績のポートフォリオ化	メディア露出の拡大	スクールの開講	フィードバックの活用	人的ネットワーク	リスク分散	学習パートナーとの共同学習	定期的な自己分析	新しい分野への挑戦
商業出版	自己ブランディング	一貫したメッセージ発信	自己ブランディング	ポートフォリオの充実	学習と成長	学習スキルの実践	学習と成長	読書の習慣化
コンテキストの構築	ビジュアルデザインの統一	SNSでの影響力強化	時間管理	スキルの多様化	副業の展開	他者からのフィードバック	学習計画の策定	学習プラットフォームの活用
重要なタスクを朝に設定	集中時間の導入	1日のスケジュールの作成	社内外でのスキルシェア	業界トレンドの把握	デジタルスキルの強化	時間管理ツールの活用	強みを活かした副業探し	収入の多様化
ポモドーロ・テクニックの活用	時間管理	タイムトラッキングツールの活用	定期的なスキル評価	スキルの多様化	異業種スキルの導入	顧客基盤の拡大	副業の展開	副業プラットフォームの活用
無駄な時間の排除	休息とリフレッシュの時間確保	1週間ごとの振り返り	スキルアップの計画	海外トレンドの研究	新しい資格の取得	本業とのシナジーを考える	副業コミュニティへの参加	副業の評価と改善

自分の頭の中で眠っていた情報は取り出せましたか？

アウトプットは一日で終わるものではないので、定期的に追記していくことをおすすめします。

▼ステップ② 整理・選別のフェーズ

続いてアウトプットした内容を選別するステップに入ります。

選別にも様々な方法がある中で、私がよく使っている方法は**「好き・嫌い」「得意・苦手」「現実・理想」**で分類する方法です（図表1-7）。

アウトプットした内容をルールに沿って分類することで、自分の特性を可視化できます。

他にも過去・現在・未来といった時系列で並べてみた

図表1-7　自分の特性を六つの側面から分類

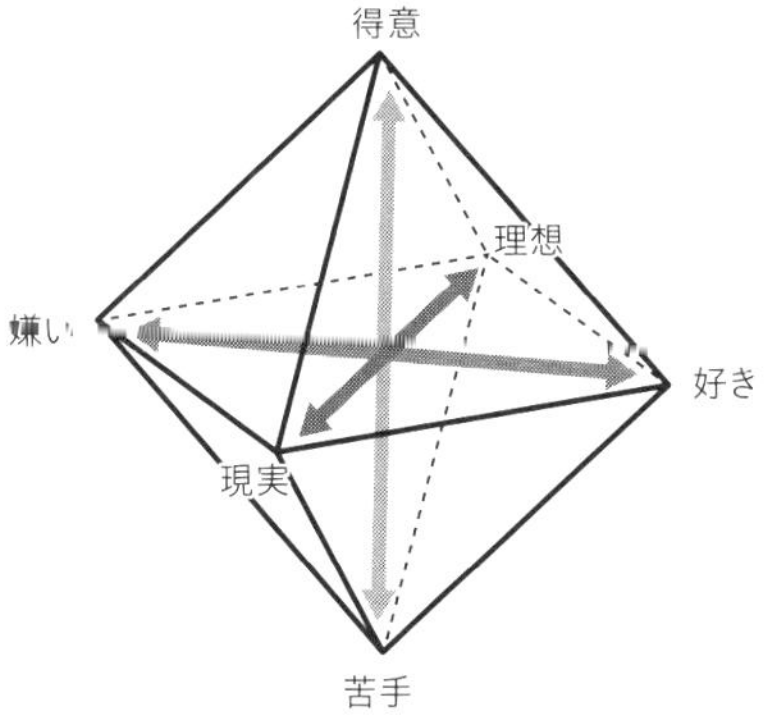

六つの側面を立体化すると、左のようになる。もちろん、これら側面をエクセルなどで分類して、整理するのでも構わない

り、ビジネス・プライベートで分けてみたり、業界で分けてみたり、アプリケーションで分けてみたり、エピソードをピックアップしてみたりと、複数のパターンで整理してみることをおすすめします。新しい発見があるかもしれません。

▼ステップ③ 組み合わせるフェーズ

最後に、これまでアウトプットし、整理した要素を組み合わせてポートフォリオを完成させていきます。作成時のポイントを紹介します。

ポートフォリオ作成時のポイント

●**誰に向けてのポートフォリオかを意識する**：転職活動時、複業案件の応募時、交流会参加時、それぞれ求められている情報は変わります。まずはベースになるポートフォリオを一つ作り、使用するケースに応じてフォーカスするポイントを選択しましょう。

●**カテゴリの分け方**：経歴、スキル、プロジェクト、実績、感情（好き嫌い）に分けて整理するとわかりやすくなります。

●**ビジュアルの活用**：グラフやチャート、写真などのビジュアルを活用し、見やすくインパクトのあるデザインに仕上げると効果的です。
●**実績のハイライト**：特に強調したい実績をハイライトし、伝えたいことがすぐに目に留まるように工夫します。
●**ストーリーテリング**：単なる箇条書きではなく、物語の要素を取り入れることで、自分のキャリアの流れや成長を伝えやすくします。こちらについては第3章で詳しく解説します。

いきなり全部の要素を含んで完成させることはできませんが、意識しながら少しずつブラッシュアップすることで、今まで表現できていなかったあなたの良さをアピールできるようになります。定期的な更新と活用を怠らず、自分の実績を常に最適な形で構築していきましょう。

図表1-8は、本章末のコラムで紹介する副業プラットフォームlotsfulに私が登録しているプロフィールの一部です。これまで棚卸し・分類・整理してきた情報をワードやエクセルなどでまとめるのも手ですが、こうしたサービスを利用するとフォームに記入するだけで手軽に作成でき、かつ副業案件獲得に繋がるかどうかを試すこともできます。

図表1-8 ポートフォリオの作成例（プロフィール）

☺ 得意な活動テーマ

✎ 編集する

得意な活動領域(1)

インターネットを中心としたマーケティング戦略立案と実行

得意な活動領域(1)の具体的な業務経験/スキル

埼玉県蓮田市商工会事業「蓮田の匠」 インタビューおよびライティング
株式会社OSCARコーポレートサイト　インタビューおよびライティング
映画メディア「シネマズ by 松竹（現：シネマズプラス）」リニューアル及び運営体制構築、取材、ライティング
オウンドメディア「スーパーデリバリーメディア」ブログ記事作成および編集
丸安毛糸株式会社コーポレートサイト　ディレクション、インタビュー、ライティングおよびオウンドメディアの記事編集
株式会社おたる政寿司　SNSおよびECサイト運営代行
株式会社クレディセゾン　セゾンカードデジタル販促プロモーション

得意な活動領域(2)

人事・採用

得意な活動領域(2)の具体的な業務経験/スキル

事業会社にて8年間の新卒・中途・専門職・障がい者採用業務に従事
新入社員研修の企画及び運用

得意な活動領域(3)

ー

得意な活動領域(3)の具体的な業務経験/スキル

ー

スキル

✎ 編集する

- マーケティング
  - BtoCマーケティング
  - コンテンツマーケティング
  - ECサイト運営
  - ソーシャルメディア運用
  - コミュニティマネジメント
  - 広告運用（リスティング）
  - 広告運用（SNS）
  - SEO
  - セミナー企画・運営

図表1-9　ポートフォリオの作成例（実績）

著者の公式ブログの「プロフィール」に記載された商業出版の実績例

▼会社員こそキャリアの棚卸しが重要

「転職の予定もないし、特に誰かに誇れるような経験もそれほどしてないし……」という人は少なくありません。実はそんな人にこそ、自分の価値を再認識していただきたいと思っています。それはなぜか。理由は三つあります。

価値の再認識

❶社内の評価（査定）時に利用できる
❷自分の得意分野や苦手分野、好きなこと嫌いなことを認識できる
❸現在の環境がいつまでも安定して続くとは限らない

では一つずつ解説していきます。

①社内の評価（査定）時に利用できる

実績は自分でアピールしなければ評価担当者に正確に伝わることはありません。謙虚さはなんの役にも立ちません。実績を過不足なくアピールする必要があります。とはいえ、評価自体は半年に一度、一年に一度というスケジュールが一般的で、評価シート提出時に記載する内容を忘れてしまうこともよくあります。だからこそ、**定期的に仕事の内容や得たスキル、経験を棚卸しておくこと**が重要です。半年ごとにやってきた業務を棚卸しておき、その内容を評価シートに記入するだけで大丈夫な状態にしておくことが大切です。期末にまとめてやろうとするから思い出せなくなりますし、面倒にもなってしまうのです。

②自分の得意分野や苦手分野、好きなこと嫌いなことを認識できる

二つ目の理由は自分自身を俯瞰で見られるということです。

棚卸しする内容は仕事内容だけではありません。読んだ本、行った場所、イベント、参加した勉強会、よく観た映画のジャンル、お手伝いしても苦にならなかった同僚の仕事、先延ばしにして結局やらなかった部屋のレイアウト変更などなど。

自分の私生活を振り返ることも立派な棚卸しです。この私生活の振り返りでわかることは、自分の好き嫌いや、得意分野、そして「やりたくないこと」です。

さらに分解して理解しておきたいのは、**苦もなくできること、ちょっと努力すればできること（やってもいいと思っていること）、そして可能な限り先延ばししたいこと**です。

例えば私の場合、実は文章を書くのはそれほど好きではありません。でも、それほど苦しむことなく数千字の文章であれば書けます。家電のセットアップもそうです。別に好んでやりたいわけではないのですが、家庭内で一番電化製品に詳しいのが私なので消去法で担当になっているだけです。実は文章を書くよりもエクセルの計算式を構築している方が好きです。

そして可能な限り先延ばししたいのが、部屋の片付けです。あと締切。締切は関係者に迷惑がかかるので、最近はできるだけ守ろうと努力しているのですが、片付けは誰に迷惑がかかるわけではないので、いつも必要なものに手が届く（私にとっては）最適な配置になっています。

少し書き出すだけでも、人間はいろいろな要素でできているのがわかります。この**好き嫌い・得意不得意を認識しているだけで、仕事の進め方は大きく変わります**。要は好きなことを積極的に引き受けて、苦手なことはできるだけ誰かにやってもらう工夫もできるということです。

「そんなバカな」と思われるかもしれませんが、好きなことや得意なことは人それぞれ違うので、補完できる関係性を社内外に作っておくことで、無理だと思っていたことも可能になります。

③現在の環境がいつまでも安定して続くとは限らない

三つ目は何度も書いていますが、今は次の瞬間に何が起きるか予想ができない時代に突入しているという点です。

会社が倒産した、業績が悪くて給与が下がったなど、悪いことが起きてから慌てても良いことはありません。まだ調子が良いうちに準備をしておくことが大切です。

会社員に限らず、フリーランスの場合はどこに仕事のきっかけが転がっているかわかりません。**後悔する前に、自分のスキルや実績がひと目でわかるポートフォリオを作っておく必要がある**のです。

「弱り目に祟り目」「泣きっ面に蜂」という諺もあります。状況が悪くなっているときの選択は焦りや目の曇りが発生しているので、失敗に繋がりやすくなるものです。調子の良いときに少し準備をしておくだけで、リスクは大きく減らせます。

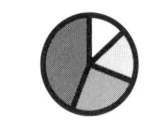

1・5 流の組み合わせによる独自性の創造

自分のポートフォリオを構築するにあたって、独自性はどのようなメリットをもたらすでしょうか。

例えば**就職活動**なら、一番わかりやすいメリットは選考時の差別化です。基本的に就職活動は多数の応募者で少ない採用枠を争います。そんな環境の中で、ありきたりのことを言っていたら面接官の印象にまったく残りません。

私も人事担当者として毎日何十人も面接してきましたが、まったく印象に残らない応募者の方が多かったことを思い出します。お決まりの自己PRや志望動機だと「その他大勢」になってしまいます。悪目立ちすることは逆効果ですが、自分自身が持っているスキルや経験、知識を的確にアピールすることで、他の応募者と差別化が図れ、選考を通過する可能性が高まります。

また、自分の得意分野ややりたい仕事を明確に伝えることで、入社後の職務のミスマッチを防ぐことにも繋がります。

フリーランスが仕事を得る場合なら、独自性はどのようなメリットをもたらすでしょう。就職活動と同じで、まず競争相手との差別化が見込めます。「この人にお願いしたら、しっかりとした成果物を納品してくれるであろう」という安心感や信頼感を構築することで、仕事を得ることができます。

また、自分の理念や仕事の進め方などを共有することで、案件のミスマッチを避けることもできるでしょう。

さらに「あなたしかできない」という仕事であれば、報酬額を増やすことも可能になります。誰でもできるような作業であれば、一番安くて納期が短い人にお願いすることになりますが、希少なスキルであれば価格交渉も強気に行うことが可能です。

▼亀が陸上で戦う必要はない

「ウサギと亀」というおとぎ話があります。足の速いウサギと足の遅い亀が競走し、最終的にはゴール前で怠けたウサギを一生懸命歩き続けた亀が追い越して勝利する話です。

これはおとぎ話のため、実直にがんばり続けた亀が勝っていますが、現実社会は働き者のウサギばかりです。ゴール前で怠けるようなフリーランスは私くらいでしょうか……。

が、ここで一つ疑問を持ってほしいのです。そう、**なぜ亀が陸上で戦っているのか？**

地上でウサギと競争するから簡単に負けるわけです。すぐ池に飛び込んで「こっちで勝負しようぜ！」と、自分の得意なエリアに引きずり込めば、結果は完全に逆転していたでしょう。他人の得意分野で戦うことは茨の道です。なぜなら上には上がいるからです。**自分だけの場、独壇場を作る**必要があります。

では、どうやって自分の独自性を生み出せば良いのでしょうか。そこで「**組み合わせ**」という方法を提案します。

1.5流の組み合わせ

私の現状を例に挙げます。私は「情報発信」を軸に、「複業（副業）」「出版」「マーケティング」「地方創生」「人事」「スマートフォン」「アイドル」「筋肉」の八つの得意分野を持っています。この得意分野の組み合わせを「**要塞**」と呼んでいます。

情報発信は20年以上、複業については15年以上関わっています。出版についても現時点で50冊の著書や監修書があります。情報発信を突き詰めるに伴ってマーケティングの知識も必要になり、発信に困っている地方自治体の広報アドバイザーの仕事もするようになりました。

会社員時代に7年以上人事担当の経験を持っており、2万人ぐらい面接しています。会社を辞めてインターネットで生活できるようになったのは、スマートフォンの解説ブログがきっかけです。一時期、地下アイドルのプロモーションを手伝っていたこともあり、業界の実情を肌で感じ、そして関係者とのコネクションもできました。なお、筋トレは趣味です。

図表1-10　得意分野を組み合わせた要塞の例

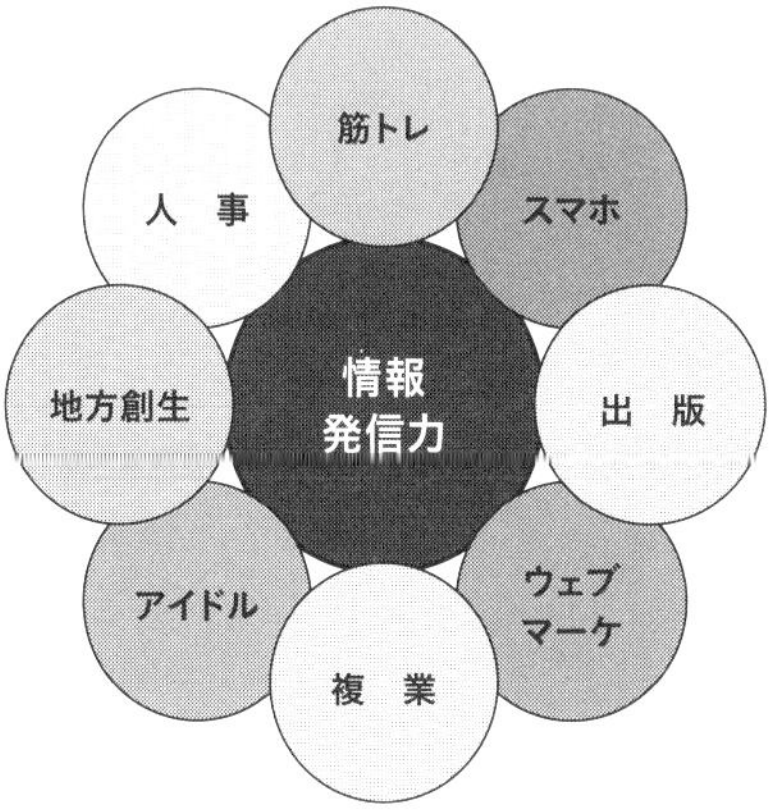

「情報発信力」を軸に八つの分野を組み合わせている

このように項目分けすることで、どの分野に自分が秀でているのかを可視化できます。しかしながら**一つだけの分野で勝負してはいけません**。先ほども書きましたが、**上には上がいる**からです。

例えば私は一時期、月間100万ページビューを超える個人ブログを三つ運営していましたが、Yahoo! JAPANのような巨大メディアにはかないません。

副業でも私よりも収益を出している人はたくさんいます。SNSにしてもいわゆるインフルエンサーと比較したらフォロワー数も微々たるものです。上には上がいるのです。

でも全部を繋いで、小学生でも理解できるように専門用語を使わずに話せる、文章化できるのは私だけです。総合的に解説する必要がある分野まで持ち込めば、私の独壇場なわけです。3流では困りますが、決して超1流である必要はありません。**1・5流レベルを組み合わせることで、自分だけの「場」を作ることができる**のです。

ラットレースの世界で自分を磨くのも悪いことではありませんが、**ある程度のレベルに到達したと思ったら、別の場所に片足を移動させ、他のスキルを向上させる方向にパワーを注ぐ**ことも大切です。

さらに自分のできることを把握しておくことで、無駄なリソースを使うことを抑えられます。

例えば、私にウェブデザインの仕事が来たとしても受けません。なぜなら私よりも上手にデザインできる人は山ほどいますし、そもそも私はプログラムを書くことがそれほど好きではありません。でも自分の「場」を認識していないと無理をして受けてしまうのです。得意分野で勝負すれば、もっと効率的に仕事ができるはずなのに。

一つの強い軸をベースに、組み合わせによって自分だけの侵食されないポジション（要塞）を創っておくことで、副業でも本業でも「あなたにお願いしたい」という環境を維持することができます。

そして要塞は常に大きく成長させていく必要があります。

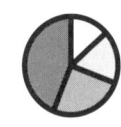

無知と怠惰と焦りは騙される

ここまで副業・複業のメリットや、スキルアップ・人的ネットワーク等を通じたポートフォリオ構築の大切さについて述べてきましたが、残念ながら前向きな話ばかりではありません。必ず「落とし穴」が付いて回ります。

その**落とし穴の代表例が副業詐欺や投資詐欺などの悪徳情報**です。特に楽にお金を稼ぎたいという怠惰な考えや、すぐに結果を求める焦りが危険性を増大させます。

この節では、そのメカニズムと事例、そして危険性について掘り下げていきます。

怠惰な心

人は本来、楽をしたがるものです。私もそうです。しかし、その欲望が過ぎると、自ら学ぶことを拒絶し、手っ取り早く結果を求めるようになります。副業や複業で成功するためには、努力と学習が必要ですが、怠惰な心はそれを妨げます。

無知の罠

無知も大きな罠です。インターネットの普及により、情報が溢れる時代になりましたが、その中には信憑性の低い情報も多く含まれています。怠惰な心を持つ人は、自ら情報を吟味せず、疑うことなく受け入れてしまう傾向があります。

焦りの心理

怠惰な心と同様に、焦りも詐欺やリスクに引っかかる一因となります。今すぐお金が欲しい（お金がない）、成功したいという焦りの心理は、冷静な判断を阻害し、特に騙されやすくなります。詐欺師や悪徳業者は、その心理を逆手に取り、甘い言葉や夢のような話で人々をそそのかします。

▼悪質な業者、商材に騙されないためには自己防衛しかない

インターネットを活用した副業・複業の一番のメリットは、「金銭的リスクが著しく小さい」と

いう点です。しかしながら高額のセミナーに参加していたり、相場の何倍もの金額でウェブサイトを制作していたりする人が後を絶ちません。

その裏には、「楽して」「こっそり」「稼ぎたい」という心理が働いているのだと思います。**楽をしたいということは、学びたくない、怠けたいという要素が含まれます**。でも欲望はあるので、理解しないまま行動に移してしまうわけです。無知の罠です。そして自分だけ良い思いをしたいから、誰にも相談しないという構図があります。

副業・複業にまつわる落とし穴の代表的なものが、「副業詐欺」「在宅ワーク詐欺」です。起業したばかりの経営者にも似たような環境は現れます。要は、経験の薄い、知識の少ない人から搾取しようとしている人間が一定数存在するということを認識しておく必要があります。

独立行政法人国民生活センターでは、平成27年に、「アフィリエイトやドロップシッピングに関する相談が増加！――『簡単に儲かる！』？　インターネットを利用した〝手軽な副業〟に要注意――」という注意喚起文を出しています。さらに「簡単に高額収入を得られるという副業や投資の儲け話に注意！（平成30年8月）」「SNSをきっかけとした消費者トラブルにご注意！（令和2年4月）」と今でも同様の相談が絶えません。昔から情報弱者をターゲットにした詐欺は存在しています。

騙されないようにルールを設ける

迂闊に騙されないためには知識をつけることも大事ですが、**自分の中でルールを作っておくこと**も効果的です。私は詐欺に遭わないために、以下のルールを設定しています。

騙されないためのルール

- 「誰でも」「簡単に」「稼げる」や「ほったらかしでOK」というフレーズが出てきた時点で完全に詐欺
- バックボーンがしっかりした書籍や文献を重視する
- 勉強会やセミナーは数千円のもので十分
- 副業に高額な初期投資は必要ない
- 無料イベント参加後に高額教材（スクール）をセールスしてきた時点でアウト

インターネット上には無料で利用できるサービスが数多くあります。知識さえあれば無駄なお金を使う必要はありません。楽しようと思うから、大切なお金を騙し取られてしまうのです。

▼学びのバージョンアップをしよう

「自分は過去に信頼できる先生から学んでいるから大丈夫」という人もいます。

でも、その先生の教えがすべて正しいでしょうか？　その知識が今でも使える内容でしょうか？

その安心感に依存して新しい知識を得るのを忘れてはいませんか？

時代はものすごいスピードで動いています。普遍的な情報もあれば、すぐに陳腐化し使えなくなってしまう情報もあります。学んだ知識が正しいかどうかは実践してみないとわかりません。そして時代によって変化していくことを認識しておく必要があります。信じることは大切ですが、固執するのは逆効果です。

それでも人間は騙される

ここまでしつこく言い続けても人間は騙されます。騙されるというか、そのときはなぜか良いと思ってお金を払ってしまうのです。旅行先で良いと思って買ったご当地グッズ、自宅に帰って冷静になったとたんに後悔が襲ってきたことはありませんか。

ここで言いたいのは、お金を払ってしまったということを過度に悔いないでください、ということです。私はよく「**小さく騙される練習を積んでください**」と伝えています。1万円以下だったら、いい勉強だったと思って前を向いてください。その経験は必ず役に立つ日がやってきます。少なくとも情報発信のネタになります。

コラム

隠れた実力者を発掘するために。lotsfulの挑戦と副業の未来

田中みどり（たなか・みどり）

lotsful代表。新卒で株式会社インテリジェンス（現：パーソルキャリア株式会社）に入社。IT・インターネット業界の転職支援領域における法人営業に従事。2016年より新規事業であるオープンイノベーションプラットフォームeiicon（現：AUBA）の立ち上げを行う。ビジネスサイドの責任者として従事。2018年に副業マッチングサービス「lotsful（ロッツフル）」を自ら起案し、2019年6月にローンチし運営開始、現在も代表を務める。

――lotsful（ロッツフル）でも様々な調査報告が提供されていますが、御社が感じる副業の過去から現在までの流れについて教えてください。

田中氏：副業の歴史を振り返ると、２０１８年が**「副業元年」と呼ばれるほどの転機**となりました。この年、国のモデル就業規則が改定され、従来は禁止されていた副業が推奨されるようになったことにより、多くの企業が副業を解禁し始めました。その背景には、労働市場の柔軟化と人材の多様な働き方への対応が求められる時代の変化があります。

副業の動きが加速したのは、新型コロナウイルスの影響も少なからず考えられます。国からの外出自粛要請により、企業も労働者もリモートワークを強制的に取り入れざるを得なくなりました。この変化は、働き方の多様化を一気に推進し、副業への関心を高める結果となりました。

また、**２０２２年には厚生労働省が「副業・兼業の促進に関するガイドライン」を改訂**し、企業に対して「副業・兼業を許容しているか否か、また条件付許容の場合はその条件について、自社のホームページ等において公表することが望ましい」という文言が追加されました。これにより、副業解禁の動きがさらに広がりましたが、実際に副業を受け入れる企業の伸びは緩やかであるという現実もあります。

副業が広がる一方で、課題も多くあります。特に、副業者を受け入れる企業の準備不足や、副業解禁後の運用の難しさが挙げられます。こうした現状から、**副業の普及はまだ過渡期にある**と言えるでしょう。しかし、この変化は確実に進んでおり、副業が一般的な働き方として定着する日は近いと考えています。

――なぜ副業マッチングサービスlotsfulをスタートさせたのですか？

田中氏：lotsfulをスタートさせた背景には、現代の働き方に対する強い問題意識がありました。私自身、インテリジェンス（現パーソル）での経験を通じて、多くの正社員がキャリアの中で抱える不安や悩みを目の当たりにしてきました。特に、転職するまでは考えていないものの、現状のキャリアに満足していない、あるいは将来に対する不安を感じている人が多いことに気づきました。

そこで考えたのが、副業を通じて新しい経験やスキルを得る仕組みの提供です。**正社員としてのキャリアを維持しながらも、副業を通じて異なる業界や職種での経験を積むことができれば、個人のスキルアップやキャリアの多様性が広がる**と考えました。このような副業のプラットフォームを提供することで、個人と企業双方にとって新しい価値を創出できると確信しました。

lotsfulは、企業と個人がともに成長できるプラットフォームとして、今後もサービスの充実を図っていきます。副業を通じて新しいキャリアの可能性を広げたいと考えている人や、柔軟な働き方を取り入れたい企業にとって、最適なパートナーとなることを目指しています。

――どのような人に副業に取り組んでほしいと考えていますか？

田中氏：まず挙げたいのは**現職で一生懸命働いているが、自分のキャリアに対して漠然とした不安を抱えている方々**です。現在の業務に満足しているものの、将来に対して何かしらの不安を感じている人々。こうした人たちにとって、副業は新しい経験やスキルを得る絶好の機会です。

また、**副業を通じて自分のスキルや経験を広げたいと考えている人**にも積極的に取り組んでほしいと思います。特に、自分の専門性を深めるだけでなく、異なる業界や職種での経験を積むことで、視野を広げたいと考える人には最適です。副業を通じて得た新しいスキルや視点は、本業にも大きな影響を与え、キャリア全体を豊かにするでしょう。

さらに、**副業に取り組むことで自分の市場価値を高めたいと考えている人**にもおすすめです。現代の労働市場では、一つの職業だけでなく、多様なスキルセットを持つことが求められています。副業を通じて多様なスキルを習得し、それをポートフォリオとして積み上げることで、自分の市場価値を大きく向上させることができます。

最終的には、副業に取り組むことで自分自身の成長を実感し、キャリアの可能性を広げることができる人すべてに、この取り組みをおすすめしたいと思います。

――副業マッチングプラットフォーム内で目立つためのポイントは何ですか？

田中氏：マッチングプラットフォーム内で目立つためには、まず**自分の強みを明確にすること**が重要です。特に、自分が他の人と比較して、どのようなスキルや経験を持っているのかを明確にし、それをわかりやすくアピールすることが求められます。自分の専門領域での実績や成功事例を具体的に示すことで、企業側に自分の価値を伝えることができます。

また、**自分のスキルや経験を視覚的にわかりやすく示すためのポートフォリオを作成**することも効果的です。特に、プロジェクトごとに具体的な成果や取り組み内容を示すことで、企業側があなたの実力を具体的にイメージしやすくなります。業界や職種に特化したスキルを持っている場合、それを強調することで、自分の専門性をアピールすることができます。

さらに、**プラットフォーム内での活動履歴や評価**も重要なポイントです。定期的に更新されるプロフィールや、これまでの副業経験に基づく評価は、企業側が信頼性を判断する材料となります。また、積極的にプロジェクトに応募し、実績を積み重ねることで、自分の信頼性を高めることができます。

最後に、**自分の熱意や意欲を示す**ことも大切です。企業側は、単にスキルが高いだけでなく、プロジェクトに対して熱心に取り組む姿勢を重視します。私たちも面談に同席する機会が多いのですが、人間性がスキルを超える瞬間をたくさん見ています。応募時のメッセージや面談の際に、自分がそのプロジェクトにどれだけ興味を持ち、どのように貢献できるかをしっかり伝えることが重要です。

――企業側から見た副業導入のメリットは何ですか?

田中氏：企業側から見た副業導入のメリットは多岐にわたります。まず一つ目のメリットとして、**多様なスキルを持つ人材を柔軟に活用できる**点が挙げられます。副業人材を受け入れることで、必要なときに必要なスキルを持つ人材を確保でき、プロジェクトの進行や問題解決に迅速に対応することが可能です。特に、専門的なスキルが求められるプロジェクトや短期間で成果を出す必要がある業務において、副業人材の活用は非常に有効です。

また、副業人材を受け入れることで、**社内の人材に新しい視点やノウハウを提供**することができます。副業人材は異なる業界や企業での経験を持っているため、新しいアイデアやアプローチを持ち込むことができます。これは、企業のイノベーションを促進し、競争力を高めるための重要な要素となります。

さらに、**副業を通じて企業文化や働き方の多様性を高める**ことができます。副業人材が持つ異なる価値観や働き方は、社内のダイバーシティを促進し、新しい働き方やコミュニケーションのスタイルを導入するきっかけとなります。これにより、企業全体の柔軟性や適応力が向上し、変化する市場環境に迅速に対応できるようになります。

副業導入は**企業のブランディングや人材獲得にも寄与**します。副業を推進することで、企業は柔軟な働き方を提供する先進的な企業としてのイメージを強化できます。これにより、優秀な人材の採用や社員の定着率向上にも繋がることが期待できます。

――lotsfulが目指す、副業の未来像を教えてください。

田中氏：私たちが目指す未来は、**副業が転職やキャリアアップの一手段として当たり前に受け入れられる社会**です。現状では、副業はサブ的な存在として捉えられることが多いですが、私たちはこれを変えたいと考えています。

副業が一般化することで、個人は自分のスキルや経験を活かし、複数のプロジェクトに参加することが可能になり、結果として多様なキャリアを築くことができます。一つの企業に属しながら、他の企業のプロジェクトにも参加し、新しいスキルを習得したり、自分の専門性を深めたり、人的ネットワークを構築することが可能になります。これにより、個人は自己成長を遂げると同時に、自分の市場価値を高めることができるのです。

我々は「**隠れた実力者**」と呼んでいるのですが、真面目に仕事に取り組んできたものの、自分のスキルを適切に言語化・可視化できていない人々が非常に多いです。スキル自体は高いものの、自己ＰＲが不足していることが多いのです。そうした隠れた実力者が、自身の能力を明確に言語化し、適切な場で発揮できるよう支援することにより、副業がより普及し、彼らの活躍の場が広がると考えています。

また、企業側にも大きなメリットがあります。副業を通じて、多様な経験を持つ人材を一時的にでも採用することで、新しい視点やノウハウを取り入れることができます。特に中小企業やスタートアップにとって、副業人材は非常に貴重な存在となります。固定的な人材を雇用するリスクを負わずに、必要なスキルを持つ人材を適切に活用することができるためです。

副業が一般的なキャリア形成の手段として認知され、個人が多様な経験を積むことで自己実現を果たし、企業もその恩恵を受けて成長する。そんな未来を実現するために、lotsfulは日々サービスの充実を図っています。

第2章

言語化力

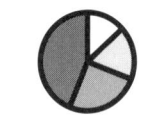

なぜポートフォリオ型キャリアを構築するのに言語化力が必要なのか

いわゆるキャリア構築に関する書籍で、言語化力、文章力に触れている本は少ないはずです。なぜ、本書で言語化力を重視するのかと言うと、自分のキャリアを築き上げ、効果的にアピールするためには「**キャリアを可視化**」することが極めて重要だからです。**自分のキャリアは自分の力で言葉に変え、相手に届けなければ、存在していないも同じ**です。あなたという存在を見つけてもらうためには、あなたの魅力を可視化し、効果的に届ける必要があります。

本節では、その理由を詳説します。

理由①　キャリアの整理と明確化

第一に、**言語化することでキャリアの整理と明確化**が行えます。日々の業務や経験をただこなしているだけでは、自分がどのようなスキルを持ち、どのような経験を積んできたのかを客観的に把握するのは難しいものです。これを言語化することによって、自分のキャリアパスや強み、弱みを明確にすることができます。例えば、「営業の経験が豊富です」と言うよりも、「3年間の営業経験を通じて、顧客ニーズの把握や提案力の向上に努め、年間売上を20％増加させました」と具体的に述べることで、自分の成果やスキルがより明確に伝わります。

理由②　自己理解の深化

第二に、**言語化は自己理解を深めるための重要な手段**です。自分のスキルや経験を言葉にする過程で、自分が何を大切にしているのか、何に情熱を持っているのかが明確になります。例えば、プロジェクトマネジメントの経験を言語化する中で、実際にはチームの調整やコミュニケーションに強い関心を持っていることに気づくかもしれません。このように、言語化を通じて自分の内面をより深く理解することができます。

▼理由③ ポートフォリオの構築

第三に、**言語化はキャリアのポートフォリオを構築するための基盤**となります。ポートフォリオは、自分のスキルや経験を整理し、視覚的かつ具体的に示すものです。これを効果的に作成するためには、自分の経験や成果を明確に言語化する必要があります。例えば、デザイナーが自身の作品をポートフォリオにまとめる際には、単に作品を並べるだけでなく、その制作過程や背景、成果を具体的に説明することが求められます。このように言語化された情報があれば、ポートフォリオは単なる作品集ではなく、自分のスキルや経験を総合的に示す強力なツールとなります。

▼理由④ 第三者へのアピール

第四に、**言語化力は第三者へのアピールにおいても重要**です。転職活動や昇進、プロジェクトへの参加など、自己アピールが求められる場面では、自分のスキルや経験を的確に伝えることが求められます。例えば、面接の場で「私はチームリーダーとして多くのプロジェクトを成功させてきました」と言うよりも、「私は過去5年間で10件以上のプロジェクトをリードし、そのうち8件は予算内で完了し、すべてのプロジェクトで顧客満足度を90％以上維持しました」と具体的に述べることで、説得力が増します。

▼言語化力を向上させることの重要性とは

これまで解説してきたように、言語化することで自分の考えや経験を明確に整理し、他者に伝える力が養われます。これは、専門知識やスキルを効果的にアピールするだけでなく、コミュニケーション能力の向上や自己改善にも大きな影響を与えます。

実績の明確化と信頼性の向上

特に専門的な分野や高度なスキルを持つ場合、その内容をわかりやすく伝えることができれば、信頼感が増し、自己の価値を効果的に伝えることができます。例えば、技術者が新しい技術を導入した際のプロセスや成果を詳細に、そして専門用語を使わず平易な言葉で説明することで、専門知識の深さや実行力をわかりやすくアピールできます。

コミュニケーション能力の向上

自分の考えや意見を明確に伝えることで、相手との意思疎通がスムーズになります。これは職場だけでなく、日常生活においても非常に重要です。例えば、会議やプレゼンテーションの場で、自分の意見を的確に伝えられれば、プロジェクトの進行やチームの協力体制がより円滑になります。

継続的なブラッシュアップ

自分の経験やスキルを定期的に見直し、言語化することで、現在の自分の状況を客観的に把握し、次に取り組むべき課題や目標を明確にすることができます。さらに定期的に自己評価を行い、その結果を可視化することで、自分の成長を実感し、モチベーションを維持することができます。

▼言語化力を伸ばす方法

言語化力を伸ばすためには、日常的な訓練と工夫が欠かせません。自分の思考や経験を言葉で表現する習慣を持つことで、徐々にそのスキルが向上します。具体的な方法をいくつか紹介します。

日記やブログ、SNSの活用

日々の出来事や考えを文章にすることで、自分の思考を整理し、表現力を鍛えることができます。特にブログやSNSは、他者に公開することを前提として書くため、より客観的かつ明確な表現を心がけるようになります。

フィードバックの活用

自分が書いた文章やプレゼンテーションについて、同僚や上司、友人からフィードバックを受けることで、自分の言語化力の課題点を把握し、改善することができます。知人に読んでもらうことは多少恥ずかしさもありますが、それ以上のメリットがありますので積極的に手伝ってもらいましょう。時には転職エージェントなどを活用してみても良いでしょう。

インプットと模倣

良質な文章やトークに触れることも効果的です。多様なジャンルの本や記事を読む、セミナーを聴くことで、表現の幅を広げ、語彙力を高めることができます。また、優れた文章を模倣して書いてみることで、新しい表現に気づくこともできます。

定期的な振り返り

定期的に過去に書いた日記やブログ、レポートなどを見返し、そのときの自分と現在の自分を比較することで、成長を実感するとともに、さらなる改善点を見つけることができます。

言語化力を鍛えることで、自分のスキルや経験を効果的に伝え、ポートフォリオを強化し、自己の価値を高めることができます。日々の努力を積み重ね、言語化力を向上させることで、より豊かなキャリアを築いていきましょう。

人間が行動するまでの心の壁を乗り越える

現代の社会環境は情報の洪水状態です。その中で目立ち、あなたが言語化した考えを届けるためには単に情報を発信するだけでは不十分です。情報を受け取った人々が実際に行動を起こすまでには、いくつかの心の壁を乗り越える必要があります。

その壁とは**「読まない（見ない・聞かない）壁」**、**「信じない壁」**、**「行動しない壁」**の三つです。この三つの壁を乗り越えることによって、初めて人は何かしらの変化に至ります。

この節では、それぞれの壁について解説します。

▼読まない壁（Not Read）

最初の壁は「読まない」という壁です。「無関心の壁」と言い換えても良いかもしれません。情報が受け手に届いても、彼ら彼女らがその情報に関心を持たなければ、読み進めることも、聞き続けることもありません。これは特に、現代の情報過多な社会において顕著な現象です。

この壁を乗り越えるためには、まず**相手の興味を引きつける**ことが重要です。例えば文章の見出しの見出しは、読者の関心を引くための、最初のチェックポイントです。具体的で興味を引く見出しを工夫しましょう。また、長い文章は読まれにくいため、短く、要点を押さえた明確な文章を心がけましょう。さらに画像や動画を使用して、視覚的に訴えるコンテンツを作成することも有効です。これにより、文字だけの情報よりも目を引くことができます。

信じない壁（Not Believe）

次に「信じない壁」を乗り越える必要があります。読者が情報を読み進めても、それを信じない限り、次のステップには進みません。

この壁を乗り越えるためには、**発信する情報の質そのもの、あるいはあなた自身の信頼度を高める**ことが重要です。信頼性を高めるために、データ、研究結果、専門家の意見などの具体的な根拠を記載するのも良いでしょう。あるいは、自分自身の経験や第三者の成功事例を紹介し、読者に共感を促すことも有効です。なにより情報そのものと発信者の行動の一貫性を保ち、透明性を持って情報を伝えることで、読者の信頼を得ることができます。

▼行動しない壁（Not Act）

「行動の壁」は、読者が情報を信じたとしても、実際に行動を起こさないという壁です。この壁を乗り越えるためには、**読者に行動を促す明確な指示と動機づけ**が必要です。

行動を促す手法はいくつかあるのですが、最もシンプルな方法が「読者が具体的に何をすれば良いのかを明示する」ことです。「お申し込みはこちらをクリック」といった形で手順を表記する、あるいはステップバイステップのガイドやチェックリストを作成することも有効です。

また、行動した結果、どのようなメリットが得られるかを具体的に示し、ポジティブな未来像を描かせる成功イメージを提示したり、「無料で試せる」「簡単に登録できる」など、行動するためのハードルを下げる仕掛けを施したりすることも効果的です。

まとめると、「読まない壁」を乗り越えるためには「インパクトとわかりやすさ」が、「信じない壁」を乗り越えるためには「具体的根拠とあなた自身の信頼性」、そして「行動しない壁」を乗り越えるためには「メリットの提示と行動の促し」が重要となります。

壁を乗り越えた結果

これらの壁を乗り越えた結果、人々は「**精神的な移動**」や「**肉体的な移動**」を起こします。具体的なメリットとしては以下のものがあります。

精神的な移動

精神的な移動は大きく分けて二つあります。一つ目が「**情報に興味を持つ**」ことで、もう一つが「**あなたに好感を持つ**」です。いずれも無関心な状態から、何かしらポジティブな感情が発生するだけでも大きな変化です。

あなたの発信する情報に興味を持つことで関心が高まり、例えば「さらに詳しい情報を探したい」と思ったり、「友人に共有したい」と感じたりする意識変化に繋がります。信頼性の高い情報を提供することで、あなたと読者との間に信頼関係が築かれます。これにより、読者はあなたに対して好感を持ち、再度情報を受け取る意欲が高まります。

肉体的な移動

明確な行動指示やメリットの提示により、**読者は具体的な行動（申し込み、購入、イベントへの参加、採用の決定など）を起こします**。さらに、一度行動を起こした読者は、継続的に関心を持ち続ける可能性が高くなります。これにより、長期的な関係構築やリピート行動に繋がります。

あくまでも、ここで紹介した「壁の乗り越え方」は一部ですので、より具体的な文章術については後の節で詳しく解説していきます。

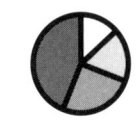

言語化力の要・文章に必要な「主張」と「目的」

文章を書く際に重要なことは、「明確な主張」と「伝える目的」を設定することです。これができていない文章は、読み手にとって曖昧で印象に残らないものとなってしまいます。本節では、主張と目的の重要性、具体的な設定方法、そしてそれを効果的に伝えるための技術について解説します。

▼主張の明確化

読み手の心に響き、行動変化を促す文章を書くためには、まず自分の主張を明確に述べることが不可欠です。ただ現象を説明するだけの文章は、単なるレポートに過ぎず、読み手の心を動かすことはありません。主張とは、自分の意見や信念を表現し、読み手に理解や共感を促すためのものです。

主張は基本的に意見が分かれるもので、**自分の人生に関わり、影響を与えると感じられる内容が主張として成り立ちます**。例えば、「これからの時代、キャリアのポートフォリオ化は不可欠」という主張は、一部の人にポジティブ、あるいはネガティブな議論を引き起こす可能性があります。

具体的に主張の生み出し方についてステップに分けて解説していきます。

ステップ①　自分の経験や信念を振り返る

自分が経験してきたことや信念を深く考え、それを言語化・可視化します。例えば私の場合、長年の複業経験から得た教訓や成功体験を振り返ることで、主張に説得力を持たせる要素を探し出す、といった具合です。

ステップ②　主張を語る

自分の理念や伝えたいことを明確にし、それを中心に文章を組み立てます。例えば本書では、「これからの時代、キャリアのポートフォリオ化は不可欠である」という主張を掲げ、それに基づく論理を展開しています。

ステップ③　具体例を挙げる

主張を裏付けるために具体的な事例を示します。自分の成功事例や第三者のエピソード、歴史的な文献や科学的な論文などを使って、主張の信憑性を高めましょう。

ステップ④　対立意見を考慮する

自分の主張に対する反論や異なる視点をあらかじめ考慮し、それに対する反論も用意しておきます。これにより、主張の一貫性と説得力が増します。

ステップ⑤　読み手の視点を意識する

読み手のニーズや関心を理解し、それに応じたアプローチを取ります。主張を読み手にとって身近で重要なものとし、理解できる言葉を使用することで、共感を引き出します。

主張を掲げることは、文章に魂を込め、読み手の心を動かすための重要な要素です。自分の経験や信念をもとに、明確な理念を掲げ、具体例を挙げ、対立する意見を考慮し、読み手の視点に立つことで、説得力のある主張を生み出すことができます。

▼目的の設定

主張が明確になったら、その主張を伝える目的を設定します。目的は、なぜその主張を伝えたいのか、何を達成したいのかということです。目的によって、文章の書き方や伝え方は大きく変わってきます。

例えば、**読み手に新しい知識を提供したい場合**、情報をわかりやすく整理し、平易な言葉で、具体的な例やデータを用いて説明することが求められます。この場合、目的は「理解を促すこと」であり、そのための文章構成や言葉遣いが重要となります。家電のマニュアルや、資格取得の参考書などが良い例です。マニュアルを読んで感動する人はほとんどいませんが、「理解」という目的は果たしています。

一方、**読み手の共感を得たい場合**は、自分の感情や経験を中心に書きます。この場合、目的は「共感を得ること」であり、読み手が自分の経験や感情に共鳴できるような表現が求められます。例えば、自分がどのように困難を乗り越えたのか、その過程やそのときの感情を詳細に描写することで、読み手の心を動かすことができます。

さらに、**読み手に行動を促したい場合**は、問題提起とその解決策を示すことが効果的です。問題を提示し、その解決策として自分の主張を示すことで、読み手が具体的な行動を取るきっかけを作ります。この場合、目的は「行動を促すこと」であり、読み手が「これを試してみよう」と感じるような説得力のある文章が必要です。

▼具体例を用いた実践

実例として、「これからの時代、キャリアのポートフォリオ化は不可欠」という主張を、五つのステップで作ってみましょう。今回は簡単なまとめですが、掘り下げるほど主張に厚みが生まれます。

ステップ① 自分の経験や信念を振り返る

会社員時代に様々な業務に従事しつつ、副業に取り組む中で、複数のスキルや経験を持つことがどれほど大切かを学びました。特に、採用担当として数多くの面接を行い、多様なスキルセットを持つ人材がいかに魅力的であるかを痛感しました。また、リーマン・ショックや新型コロナウイルスなどの予測できない事件が起きた際、単一のスキルや収入源に頼ることは大きなリスクだということも実感しています。

ステップ②　主張を語る

今後のキャリア形成においては、一つの職業に依存するのではなく、複数のスキルや経験を組み合わせたポートフォリオ型キャリアが求められます。これにより、自分の市場価値を高め、変化の激しい時代にも柔軟に対応できる力を養うことができます。

ステップ③　具体例を挙げる

主に人事担当者としてキャリアを積んでいた私でしたが、2002年から趣味でブログを始めたことがきっかけとなり、2009年には情報発信の専門家として独立して仕事をするようになりました。現在では企業や自治体向けの広報アドバイザー、セミナー登壇、書籍の執筆など、会社員時代では考えられなかった広範囲の業務に取り組んでいます。一歩、外の環境に踏み出すことで、知識だけでなく人的ネットワークも増え、さらに新しいスキルを得ることに繋がります。本書のコラムで紹介している澤円氏や森本千賀子氏も同様に、複数のポジションで活躍することで、新しいチャンスを得ています。

ステップ④　対立する意見を考慮する

「一つの専門分野に集中してスキルの向上を目指すべきだ」と考える人もいるかもしれません。しかし、現代の労働市場では、一つのスキルだけでは不十分なことが多く、複数のスキルを組み合わせて新しい切り口を見出すことが、市場価値の向上に繋がっています。また技術の進化により、一つのスキルの価値が低下したとしても、多様なスキルや経験を持っておくことで、仕事を失うリスクを減らすことができます。

ステップ⑤　読み手の視点を意識する

「自分のスキルで自慢できるようなものはない」と感じている人も多いかと思います。でもそんなことはありません。ただ、自分のすごさに気づいていないだけです。本書では、あなた自身の強みを発見し、それを活かすための具体的な方法をお伝えします。

私たちが日々行っている何気ないことや、趣味として取り組んでいる活動の中にも、価値のあるスキルや経験が隠れています。例えば、趣味で料理をしているなら、それは創造力や計画力、そして細部に注意を払う能力があるという証です。また、友人や家族とのコミュニケーションが得意なら、それは対人スキルや共感力の高さを示しています。

本書を通じて、あなた自身がどんな素晴らしい能力を持っているのかを再発見し、そのスキルをどのように活用していくかを学んでください。自分の強みを理解し、自信を持ってアピールすることができれば、あなたの可能性は無限に広がります。

▼主張に共感する人は必ずいる

いかがでしょうか？　**主張を掲げることは、文章に魂を込め、読み手の心を動かすための重要な要素**です。自分の経験や信念をもとに、明確な理念を掲げ、具体例を挙げ、対立する意見を考慮し、読み手の視点に立つことで、説得力のある主張を生み出すことができます。

また、文章を書く際には常に目的を意識し、読み手が何を求め、何に関心を持っているのかを考えることが重要です。相手のニーズや関心に応じた内容や表現を選ぶことで、文章がより親しみやすく、効果的なものとなります。主張と目的を明確にし、それに基づいて文章を構築することで、心に響く、力強いメッセージを伝えることができるのです。

もちろん、文章を読んだ全員が自分の考えと一致することはあり得ません。一部の人、5人でも10人でも共感してくれれば、それで十分です。全員が全員、共感することはありません。誰でもわかるようなマニュアル的な情報ではなく、**自分の主張に共感してくれる人が一人でもいたら、その価値は計り知れないもの**です。

あなたが持っている独自の視点や経験、信念は、誰かにとって大きな影響を与える可能性があります。自分の意見や思いを言葉にして表現することで、そのメッセージに共感し、勇気を得る人が必ずいます。あなたのメッセージが、誰かの人生を変えるきっかけになるかもしれません。

自分の主張を恐れずに言語化してみてください。たとえ全員に理解されなくても、あなたの言葉に共感し、支えとなる人が現れるでしょう。その一人一人が、さらに新しい輪を広げ、より多くの人々に影響を与えていきます。自分の主張を大切にし、それを表現することで、あなたも読み手もともに成長していくことができるのです。

文章のクオリティを決める三つの要素

言語化力は、ビジネスのみならず個人の活動においても非常に重要なスキルです。特に第三者への発信・伝達が求められる場面では、質の高い文章が大きな強みとなります。

文章のクオリティを決める要素として**「コンテンツ」「形式」「色」**の三つが挙げられます。これらの要素を身につけることで、読み手の心を掴み、情報を効果的に伝える力が向上します。また、様々な状況に応じた柔軟な対応が可能となります。

▼ 要素① コンテンツ

一つ目の「コンテンツ」は文章の内容、つまり「何が書かれているか」です。コンテンツが優れていなければ、どんなに文章形式が整っていても、読み手に価値を提供することはできません。コンテンツ作成は以下の三つのポイントを押さえる必要があります。

誰が書いているのか

文章の信頼性は、書き手の背景や経験によって大きく左右されます。読者は書き手の信頼性を感じ取ることで、文章の内容に対する理解と共感が深まります。例えば、料理に関する情報であれば、シェフや料理研究家、栄養士の意見が信頼されやすくなります。同様に、複業に関する情報であれば、実際に複業で活躍した経験を持つ人の言葉が読み手に響きます。

何を書いているのか

読者が求めている情報や解決策を提供することで、文章の価値が高まります。例えば、複業の始め方について書く場合、具体的なステップや成功事例を盛り込むことで、読者にとって実用的な情報となります。また、主張が明確であることは、文章の品質に直結します。どれだけ情報が豊富でも、何を伝えたいのかが曖昧では読み手の関心を失います。**主張を軸に展開し、その主張を補完する具体的な根拠や事例を交えて構成**することで、わかりやすく魅力的な内容になります。

誰に向けて書いているのか

読み手のニーズや興味に応じた内容を提供することが重要です。**想定読者を明確にする**ことで、読み手が「自分のために書かれている」と感じ、文章への関心と理解が深まります。例えば、複業に興味を持つ会社員に向けて書く場合は、社会に求められているスキル、時間配分や健康管理、得られるメリットなど、具体例を交えて説明することで実践的なアドバイスとして受け入れてもらいやすくなります。一方、自宅で副収入を得たい主婦層に向けて書く場合、育児との両立や時間管理に関する具体的なアドバイスを含めると良いでしょう。

読み手の状況・環境によって求められている情報や、使用する言葉は変わります。特に専門的な内容を初心者向けに発信する場合、業界用語を避けるか、わかりやすい言葉で言い換える必要があります。本書も「誰に向けて書いているのか」という点に留意しながら文章を展開しています。マーケティング用語としては「誰に向けて書いているのか」は「ペルソナ設定」という言葉になりますが、マーケティング業界以外の人が読んだら理解できない恐れがあるため、可能な限り日常的な言葉に置き換えています。

要素②　形式

コンテンツが優れているのであれば、それを効果的に伝えるために**適切な文章構成を使う**ことが重要です。明確な型に基づいて情報を整理することで、主張が一貫し、情報が論理的に伝わります。また、構成の型を活用することで、書き手は効率的に文章を作成でき、時間の節約にもなります。ここでは知っておくと役立つ三つの型と、避けたい一つの型について解説します。なお、型の名前は、直感的にイメージしやすいように図形をベースにしています（図表2-1）。

三角形型（簡潔型）：結論→理由

三角形型は、**主張・結論から述べ、理由・論証に進む形式**です。この形式は、相手に対して迅速に要点を伝えるのに適しており、特にビジネスの場で有効です。忙しい人にとっては、最初に結論を知ることができるため、その後の詳細情報を安心して読み進めることができます。私も上司への報告では「結論から言え」とよく指示されていましたが、結果を先に知りたい状況ではこの形式がよく用いられます。

逆三角形型（物語型）：理由→結論

逆三角形型は、**理由・論証から述べ、最後に主張・結論を述べる形式**です。これは、物語を紡ぐように状況の説明やエピソードを展開し、最後に結論を示すことで、どんどんクライマックスに向けて盛り上がっていく形式です。特に論理的な説明が必要なテーマや、読み手が慎重に検討する必要がある場合に有効ですが、盛り上がりに欠けると途中で離脱される可能性もあります。結婚式の主賓挨拶が良い事例で、ドラマチックで盛り上がる場合と、飽きられて別の会話で盛り上がられてしまう両パターンがあります。

図表2-1　代表的な文章の型

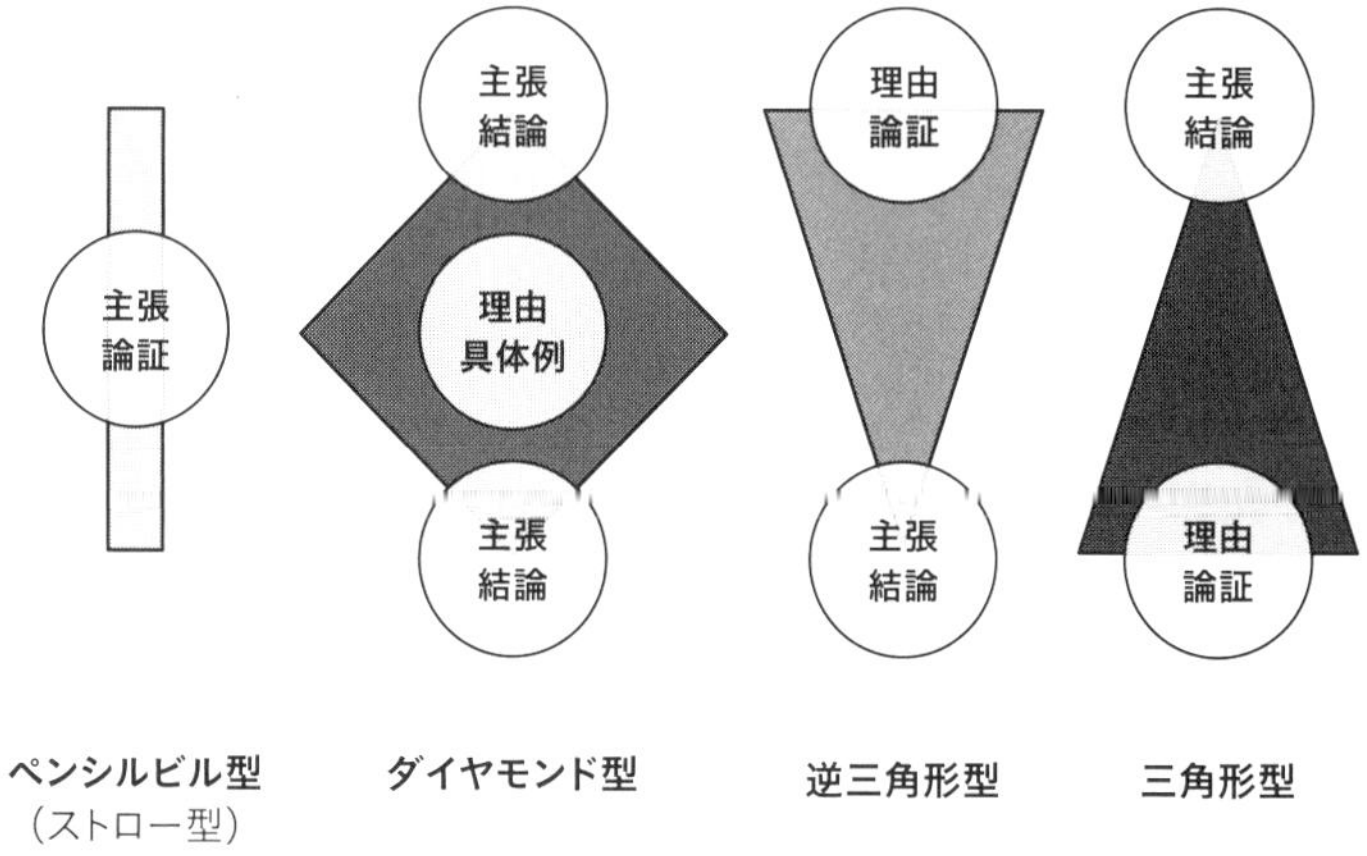

ダイヤモンド型（PREP法）：結論→理由・具体例→結論

個人的にはこのダイヤモンド型が一番おすすめです。一般的にはPREP法と呼ばれる型で、**Point（結論）、Reason（理由）、Example（具体例）、Point（再度結論）の順序で文章を構成する方法**です。この方法は、プレゼンテーションや報告書、説得力のある文章を書く際に非常に効果的です。

PREP法

- **Point（結論）**：まず、主張や結論を簡潔に述べます。これにより、読み手や聞き手が最初に重要なポイントを理解することができます。
- **Reason（理由）**：次に、その結論を支持する理由を述べます。これにより、主張の背景や根拠を示し、論理的な説得力を高めます。
- **Example（具体例）**：具体例を挙げて、理由をさらに裏付けます。具体的な事例やデータを用いることで、主張が現実的で信憑性のあるものとして伝わります。
- **Point（再度結論）**：最後にもう一度結論を述べます。これにより、最初の結論を強調し、読者や聞き手の記憶に残りやすくします。

ダイヤモンド型のメリットは、とにかくわかりやすいことです。結論から始まり、その結論を支える理由と具体例が続くため、読み手や聞き手にとって非常に理解しやすい構成です。また、理由と具体例を示すことで、主張に対する説得力が増します。そして最初と最後で結論を挟むことで、主張が強調され、読者や聞き手の記憶に残りやすくなります。

ペンシルビル型

ペンシルビル型は悪い事例としての紹介ですが、**主張も論証も薄っぺらく、中身がない形式**です。これは読み手にとって価値のない情報を提供することになります。ペンシルビル型を避けるためには、しっかりとした主張を提起し、論理構成を整え、具体的な内容を盛り込むことが重要です。

人の話は振り幅が大きければ大きいほど印象に残ります。例えば、旅行と出張の違いです。出張は最短距離で行って、最短で仕事を終わらせて帰ってくるので、思い出は何もありません。でも、旅行は30㎞の渋滞に巻き込まれ、談合坂サービスエリアに寄って熱盛つけほうとうを食べて……、すごく印象に残りますよね。パンクなどのトラブルでも構いません。何かしらの寄り道・横道があることによって、人の記憶に残ります。

同様に**知識や経験、いろいろな事例があればあるほど、読み手の印象に残りやすい**ということです。文章にたくさんの蛇行が入ることによって印象に残り、「あの人の話、面白かったからもう1回読みたい」となることを目指しましょう。

▼ 要素③ 色

最後に、文章には「色」、すなわち**個性やキャラクター**が必要です。文章に〝色〟があることで、読者はその人らしさを感じ取り、より親近感を持ちます。個性やキャラクターを表現する要素の一部として「体験談」「ユーモア」「文章のクセ」そして、「実績・権威」が挙げられます。

体験談

文章に書き手の体験談や、そのときの感情を交えることで、読者は書き手の思考に触れることができます。これは特にブログやエッセイ形式の文章で効果的です。

ユーモア

書き手のユーモアは文章に色を添えます。また、独自の視点を取り入れることでも差別化されます。例えば、複業の失敗談をコミカルなエピソードと共に語ることで、読者に楽しく読んでもらうことができます。

文章のクセ

文章のクセとは、特定の言い回しやリズムのことです。これがあることで、読者は文章を読んだ瞬間に「この人の文章だ」と認識することができます。例えば、特定のフレーズを繰り返し使ったり、リズミカルな文体を用いたりすることがこれに当たります。

また、「実績・権威」は「【要素①】コンテンツ『誰が書いているのか』」にも関係します。このキャラクターの強化方法については第3章でさらに詳しく解説します。

以上の三つの要素を理解し、活用することで、あなたの文章力は飛躍的に向上します。言語化力が強化されることにより、多くの場であなたの魅力を伝えることができるようになるでしょう。文章のクオリティを高めることは、キャリア成功への大きな一歩となります。

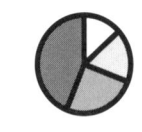

共感や納得感を高める「伝え方」のコツ

文章の伝え方には多くの技術や方法がありますが、最も重要なのは、「読み手にどう感じさせるか」という点です。本節では、そのためのアプローチを具体的な事例を交えて説明します。

読み手の心を動かし、行動を促すためには、「希望」と「恐怖」の二つのアプローチを使い分けることが有効です。それぞれの方法には特有の効果があり、状況や読者との関係性に応じて使い分けることで、より効果的なメッセージを伝えることができます。

▼希望型：すでに関係性が生まれている場合に有効

「希望型」のアプローチは、すでに読者と一定の関係性が築かれている場合に有効です。この方法は、ポジティブな未来像を示し、読み手に希望を持たせることで、行動を促します。例えば、以下のように、希望を抱かせるメッセージを込めた文章です。

「文章が書けることは立派なスキルであり、それがあなたの生活を大きく変化させる力を持っています。文章を通じて、自分の思いを多くの人に伝えられるようになれば、新たなチャンスが広がり、キャリアアップにも繋がります。私自身も、ブログや書籍を通じて、多くの人と繋がり、自分のスキルを高めることができただけでなく、様々なビジネスチャンスを得ました。あなたも文章力を磨くことで、自分の世界を広げてみませんか？」

スキルとしての言語化力＝文章力によってポジティブな影響や未来を表現することができており、読者が前向きな気持ちになる文章です。これを読んだ人が「よし、自分もやってみよう」と行動に移してくれたら大成功です。

▼恐怖型：まだ関係が築けていない場合に有効

一方で、「恐怖型」のアプローチは、まだ読者との関係が築けていない場合や、無関心な状態から関心を引き出す際に有効です。この方法は、危機感を煽ることで、読み手の注意を引き、行動を促します。例えば、以下のような文章が考えられます。

「現代の社会では、100のことを10しか伝えられない人は、何かを成し遂げることが非常に困難な時代になっています。情報が溢れる中で、自分のメッセージを効果的に伝えることができなければ、埋もれてしまう危険性があります。文章力を磨くことは、自己表現や情報発信のスキルを高め、競争の激しい現代社会で成功するために不可欠です。今すぐに行動を起こし、自分のスキルを向上させましょう。」

恐怖を煽ることで、読み手は緊張感を持ってメッセージを受け取ることになります。文章に込められた緊張感＝恐怖感はメッセージとして読者の心に刺さり、「自分事」として受け取ってもらえる可能性が高まります。結果、すぐに行動を起こす動機を得やすくなります。

いずれのアプローチを使用する場合でも、**読み手の視点を常に意識することが重要です。読み手が何を感じ、何を求めているのかを理解し、そのニーズに応える形で文章を構成**することで、共感や納得感を高めることができます。

例えば、若手の後輩に対しては、次のような希望型のアプローチが考えられます。

「効果的な文章力を身につけることで、キャリアのスタートダッシュをいち早く切ることができます。このスキルはあなたの成長を加速させ、将来の成功を手にする大きな武器となるでしょう」

一方、経験豊富なプロフェッショナルに対しては、次のようなアプローチが考えられます。

「長年の経験を活かし、さらに効果的な文章力を身につけることで、リーダーとしての影響力をさらに高めることができます。あなたの知識と経験を、より多くの人々に伝えるための力を手に入れましょう」

このように、読み手の状況や関係性を考慮すると、アプローチの仕方も変わってきます。適切なアプローチの仕方を選ぶことが、共感や納得感を高め、行動を促すための言語化力＝文章力を磨くためには欠かせない観点となります。

「行動する理由」を提供する

文章を書く際に、**読み手に行動する理由を提供する**ことは非常に重要です。理想のライフスタイルの提案や具体的な利用シーンの明確化を通じて行動を促すことで、読者の心を動かし、行動を引き起こさせましょう。いくつか効果的なアプローチを紹介します。

理想のライフスタイルの提案

具体的な未来像を示し、読者がその未来像を自分自身に重ね合わせることで、行動へのモチベーションを高めるアプローチです。例えば、「この商品・サービス（あるいは自身の経歴・スキル等）を利用すれば、あなたの生活はこれだけ豊かになる」というメッセージを盛り込むことで、読者に「それを手に入れたい（採用したい）」という気持ちを抱かせます。

理想のライフスタイルを提案する際には、具体性が鍵となります。抽象的ではなく、具体的な日常の一コマを描写することで、読者はその未来をリアルに感じられます。これにより、読者は自分の生活にどのような変化がもたらされるのかを明確にイメージでき、行動への意欲が高まります。

商品・サービスを使わないことで失うかもしれない機会

理想のライフスタイルを提案するだけでなく、商品やサービスを使わないことで失うかもしれない機会についても強調することが重要です。これは、「行動しなければ損をする」というメッセージを伝えることで、読者の危機感を増幅させる方法です。

利用シーンの明確化

行動を促すためには、読者が具体的にどのようなシーンでその商品やサービスを利用するのかを明確にすることが重要です。スペックだけを示すのではなく、実際に使っているイメージを描かせることで、読者はその商品やサービスが自分の生活にどのように役立つかを具体的に想像できます。

例えば、「この洗濯乾燥機は高性能で、省エネです」というスペックの説明だけではなく、「この全自動洗濯乾燥機を使えば、夜にスイッチを入れておくだけで、翌朝には清潔な服で一日をスタートできます。梅雨時期でももう生乾きのにおいに悩むことはありません」というように、具体的な利用シーンを描写します。これにより、読者はその商品やサービスが自分の生活にどのような価値をもたらすのかをリアルに感じることができ、行動へのモチベーションが高まります。

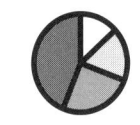

日本語を分解し、読者層に応じて使い分ける

文章を書く際には、**読み手に寄り添った言葉を選ぶ**ことが非常に重要です。これは、読み手が文章の内容を理解しやすくし、共感を得やすくするためです。特に、専門用語や業界特有のフレーズを使う際には、その言葉がどの層の読者に向けられているかを考慮する必要があります（図表2-2）。

▼特定の層に伝わる言葉を使って説明する

文章を書く際には、**どの層の読者に向けて書くかを明確にする**ことが大切です。例えば、ピラミッドの頂点側、すなわち上級者や専門家向けの文章では、専門用語や抽象的な言葉が多く使われます。これは同じ業界や分野の人々にとって、その言葉が共通の理解を持つためです。抽象的な言葉を使うことで、短い文章で多くの意味を伝えることができます。

逆に初心者層に情報を届けたい場合は、とにかく難しい単語や専門用語を使うことは避け、日常生活で使っている**具体的な言葉を中心に文章を構築**しましょう。類語辞典のサービスを活用して、難しい言葉を別のやさしい表現に変更することも効果的です。

理解できない単語が一つであれば、ある程度文脈から意味を想像して読み進められますが、理解できない単語が二つ三つと続くと、初心者であればあるほど文章を読み続けるのが苦痛になります。どうしても文脈的に業界用語を含まなければいけない場合は、専門書などを活用してその用語の意味を補足しておきましょう。

図表2-2 読者層に応じて言葉を使い分ける

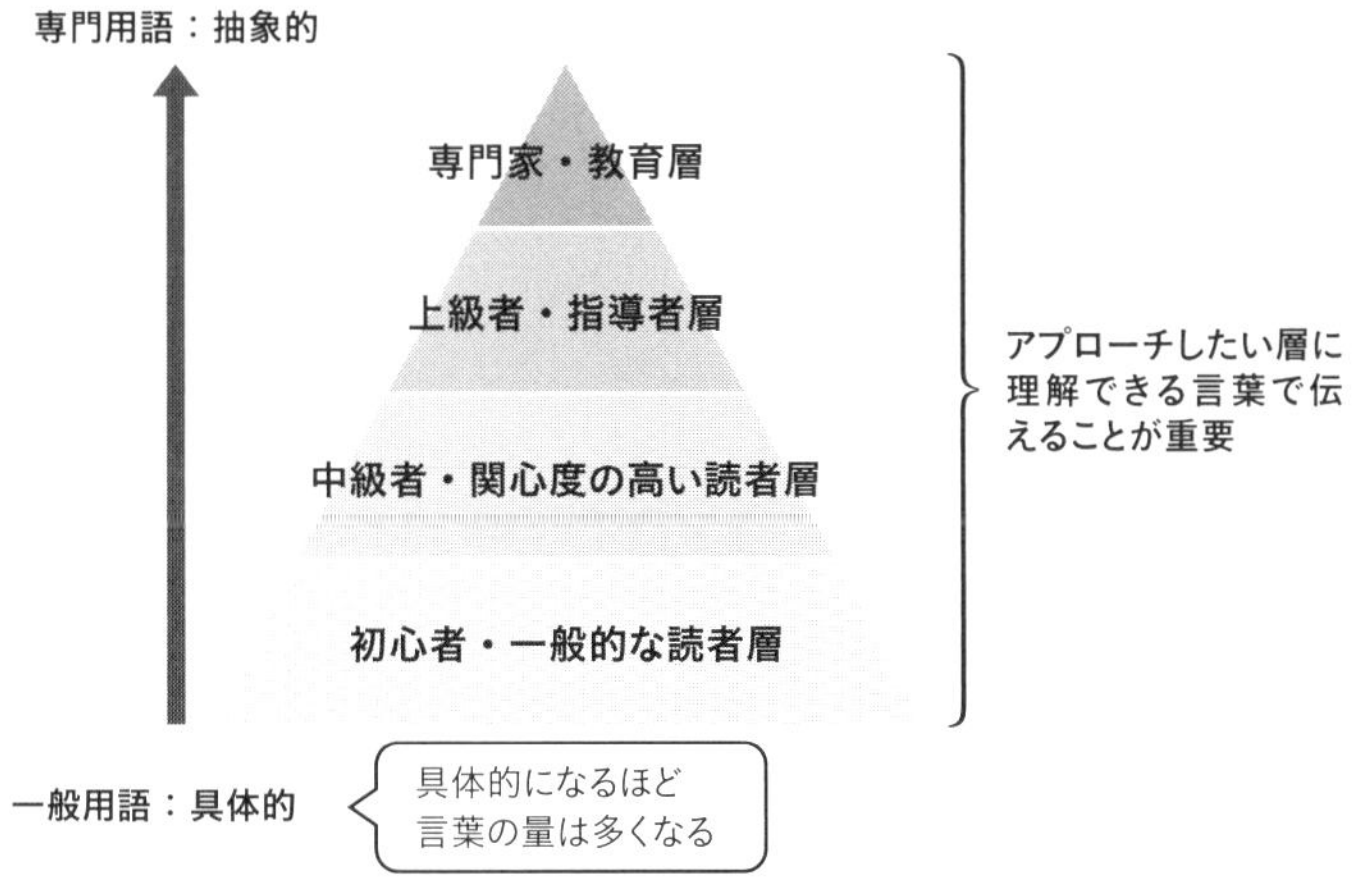

生成ＡＩの一つであるＣｈａｔＧＰＴに聞いてみると、適切な言い換えを教えてくれますので、有効活用しましょう。いや、教えを請いましょう。

読者に伝えたいメッセージが何であれ、そのメッセージが読み手に理解されなければ意味がありません。従って、**アプローチしたい層に合わせた言葉を選び、その層に響くように文章を構成することが重要**。具体的な言葉を使うことで、読者は内容をより現実的に感じ、理解しやすくなります。

▼抽象的な言葉は汎用性が高い

抽象化された概念は、共通の理解を助ける共通言語として機能します。例えば、「成長」という抽象的な言葉は汎用性が高くいくつもの具体的なものを導けますが、その言葉の背景にある具体的な情報を知らない人にとっては、単なる漠然とした言葉に過ぎません。赤ちゃんの「成長」と、新入社員の「成長」は同じ言葉でも、意味は大きく変わります。

具体的になればなるほど、言葉の量は多くなる

具体的な説明をするためには、多くの言葉を使う必要があります。これにより、文章の量は増えますが、その分読み手にとっては理解しやすい内容になります。具体的な説明を通じて、読者は情報をより詳細に理解し、自分自身の状況に置き換えて考えることができます。例えば、「キャリアアップ」という抽象的な概念を具体化するために、「スキルを磨き、新たな資格を取得する」といった具体的な言葉を使うことで、より相手に伝わりやすくなります。

抽象度を自由に移動させる

文章を書く際には、抽象的な概念と具体的な事例を自由に行き来する能力が重要です。抽象的な概念を具体的な事例に結びつけることで、読者にとって理解しやすく、効果的な文章を届けることができます。

特に自分の専門性が高くなればなるほど、初心者層にとって普段使用しない用語を無意識に使ってしまう傾向がありますので、注意してコンテンツを作成しましょう。

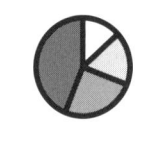

5W3H1Rを意識した文章の組み立て

文章を書く際には、読み手に具体的なイメージを持たせることが重要です。しかし、ある程度のトレーニングなしに、いきなり具体的な文章を書くのは難しいものです。そこで利用したいのが「5W3H1R」というフレームワークです。

このフレームワークを使うことで、文章がより具体的で説得力のあるものになります。文章を書くことに慣れるまでは、ぜひ活用してください。

5W3H1Rとは?

- **When（いつ）**：いつ行われたか、いつまでに行うか
- **Where（どこで、どこへ、どこから）**：場所や移動先
- **Who（誰が、誰向けに）**：行動主体や対象

- **What（何が、何を）**：行動や対象物
- **Why（なぜ、どうして）**：行動や現象の理由
- **How（どのように）**：方法や手段
- **How many（どのくらい）**：量や回数
- **How much（いくら）**：金額や費用
- **Result（結果）**：感想や評価、願望

▼なぜ5W3H1Rの型を使うと表現が具体的になるのか？

「5W3H1R」を意識することで、情報の抜け漏れがなくなり、詳細で具体的な文章を作成できます。このフレームワークに従うことで、読み手は状況をイメージしやすくなり、共感や納得感を得やすくなります。

さらに、1R＝結果を入れることで、発信者の個性や趣味嗜好、そして主張を示すことができます。これは、読み手の行動を促す上で非常に効果的です。**結果を具体的に示すことで、文章に説得力とインパクト、そしてあなたの意思が加わります。**

以下に、5W3H1Rを用いた具体例を示します。

文例：なぜ「ポートフォリオ型キャリアの作り方」という書籍を出版することになったのか

コロナ禍の影響も落ち着きを見せたことを受け、私は2024年3月から東京日本橋にある早稲田大学社会人キャンパスの教室を借り、「キャリアのポートフォリオ化」をテーマにした連続講座をスタートさせました（When・Where）。この講座の目的は、参加者にポートフォリオ型キャリアの構築方法を教えることです（Who・What）。この講座の申し込みページを見たインプレスの編集担当者からの打診を受け、出版のプロジェクトはスタートしました（Why）。

折しも私の単著デビュー作はインプレスから出版しています。関係性も構築されているためか、異例のスピードで4月上旬に書籍企画がインプレスの企画会議を通過し、執筆が始まりました。原稿の締め切りは7月末を予定しており、発売は11月を目指しています（Why・When）。

この書籍は、全7章と章のテーマに関連する7人のインタビュー形式のコラムで構成され、総文字数は約10万字を予定しています。価格は1500円〜1800円を想定しており、多くの読者にとって手に取りやすいものとなるでしょう（How・How many・How much）。

主な想定読者は、複業でキャリアの見直しを図りたい会社員、フリーランス、起業家です。年齢層としては30~40代がメインですが、20代の若年層やミドル世代、シニア世代が読んでも参考になる内容にしています（Who）。

書籍の出版に向けて執筆は順調に進んでおり、非常に良い仕上がりになることを確信しています。この書籍は、複業の重要性を伝え、多くの人々が自分のキャリアを再構築するための貴重なガイドとなるでしょう。ぜひ手元に1冊置いていただき、参考にしていただければ幸いです。この書籍を通じて、みなさんが新しい働き方に対応し、充実したキャリアを築けるようになることを願っています（Result）。

いかがでしょうか？　型にはめた文章なので多少の堅苦しさは感じますが、「5W3H1R」のフレームワークを使うことで、文章は具体的で説得力のあるものになります。読み手に対して明確なイメージを提供することにより、共感や納得感を得やすくなります。また、結果や願望を含めることで共感を生み出し、読み手の行動を促すことができます。文章を書く際には、このフレームワークを活用し、より具体的で魅力的な文章を目指しましょう。

コラム

リセットの瞬間を逃さない。世界が大きく変わる瞬間、意識的に行動を変えよう

澤円（さわ・まどか）

（株）圓窓の代表取締役

元・日本マイクロソフト株式会社業務執行役員。マイクロソフトテクノロジーセンターのセンター長を2020年8月まで務めた。

DXやビジネスパーソンの生産性向上、サイバーセキュリティや組織マネジメントなど幅広い領域のアドバイザーやコンサルティングなどを行っている。

複数の会社の顧問や大学教員の肩書きを持ち、「複業」のロールモデルとしても情報発信している。

――澤さんのこれまでの経歴について、簡単に教えていただけますか。

澤氏：私のキャリアは立教大学経済学部を卒業した後、生命保険会社のIT子会社に就職するところから始まりました。就職当初は落ちこぼれの「ポンコツエンジニア」で、アルゴリズムを音楽のリズムの一種だと本気で思っていたほどの知識レベルでした（笑）。

1997年に日本マイクロソフト株式会社に転職し、情報共有系のコンサルタントとしてキャリアをスタートさせました。そしてプリセールスSEとして技術的なプレゼンテーションやデモンストレーションを行う役割を担いました。

その後、最新のITテクノロジーを紹介する業務を通じて数多くのイベントに登壇し、そこで得た経験を活かして2006年にはピープルマネジメントの業務に転向。部下のマネジメントや社内外のメンタリングを手掛けるようになり、2015年からはサイバー犯罪対応チームにも参加するようになりました。2019年には株式会社圓窓の代表取締役に就任し、**企業に属しながらも個人として活動する「複業」のロールモデルとして、多方面で活動しています。**

――自称「ポンコツエンジニア」だった澤さんが、業界のトップランナーになった具体的な方法について教えてください。

澤氏：業界のトップランナーになるためには、**常に新しいことに挑戦し続ける姿勢**が重要です。

私の場合、1995年にインターネットが一般に普及し始めた頃、その最新技術に強い関心を持ち、時間とリソースを惜しまずに学びました。誰もがインターネットを使ってウェブサイトにアクセスできる時代が到来したのです。関係者全員が初心者という状況で、**完全に世界の常識がリセットされた状況です。「これはチャンスだ」と直感的に感じました**。そして、当時はかなり高額だった最新のパソコンを購入し、会社の寮に持ち込んで日夜いじり倒しました。会社の同僚に「家に帰ってまでPCを触るなんて物好きだね」と言われたことがありますが、私は「ここで差をつけるんだ」と思い、積極的に学び続けました。そのおかげで他の人よりも早く新しいテクノロジーに触れ、その知識を活かして業界での地位を築くことができました。結果的には運が良かったと言えますが、**その運を引き寄せるためには絶えずアンテナを張り、自分の興味を持つ分野に積極的に投資する**ことが大切です。

また、**コミュニティに参加する**ことも大切です。私がキャリアの初期にグループウェアの研究を始めた時、社外のコミュニティ活動にも積極的に参加しました。これにより、多様な視点を持つことができ、多くの優秀な人材と接する機会を得ています。

と、偉そうに語っていますが、日常生活では「飛行機の予約を取り間違えてフライトできない」というケアレスミスを3回連続でやってしまうこともあります。妻と、「仕事があるから先に飛行機乗るけど、シンガポールで落ち合おう」という旅行の約束をしたのですが、私だけチケットが取れていなくて、妻を一人旅させたこともあるくらいのポンコツ具合です。完璧なビジネスエリートではなく、失敗も多い一人の人間としての経験が、現在の私を形成しています。

——これまでも様々な時代の変化がありましたが、澤さんのキャリアにおいて、繰り返されるリセットがどのように影響を与えましたか。

澤氏：私のキャリアにおいて、**リセットの瞬間を逃さない**ことは重要なポイントでした。先ほど触れた1995年のインターネット時代の到来や、2020年のコロナ禍によるリモートワークの一般化、そして生成AIの誕生など、**世界が大きく変わる瞬間には意識的に行動を変える**必要があります。

例えば、2020年に日本マイクロソフトを退職した際、多くの人が驚きましたが、むしろ私は安定しすぎた状況に危機感を持っていました。**社会にリセットがかかったと感じたときには、直感を信じて行動する**ことが重要です。リセットの瞬間を見逃さないためには、日頃から変化を察知するためのアンテナを立てておくことが重要です。私は新しい技術やトレンドが大好物で、情報収集を欠かさず行っています。

また、リセットがかかったときには、**過去の成功体験に固執せず、新しいアプローチを試みる**ことが大切です。過去の成功事例に固執してしまうと動きが鈍くなってしまいます。常に柔軟に対応することで、チャレンジし続けることができるのです。

——時代の変化に敏感になるためにはどうすれば良いですか。

澤氏：何度も言うようですが、情報収集を怠らず、新しい技術やトレンドに対して好奇心を持ち続けることが大切です。情報収集の方法としては、専門書を読むことやセミナーに参加すること、人的ネットワークを広げることが効果的です。また、自分自身の興味を持つ分野に対して深く掘り下げることで、時代の変化に対する敏感さを養うことができます。さらに、自分が学んだことを実際に試してみることも重要です。**実践を通じて得られる経験は、時代の変化に対応するための大きな武器**となります。

パーソル総合研究所が公表している「グローバル就業実態・成長意識調査（2022年）[※2]」によると、日本は勤務先以外での自己研鑽に「とくに何も行っていない」割合が52・6%と突出して高く、調査対象18カ国・地域の全体平均の18%を大きく上回っています。さらに、「自己投資する予定なし」という割合も42%と高く、他国と比較して自己研鑽意欲の低さが際立っています。このような状況だからこそ、日本のビジネスパーソンは新しいことを学び続ける姿勢を持つことが必要です。

——生成AIとの向き合い方について教えてください。

澤氏：ChatGPTに代表される生成AIは、社会のリセット以外の何物でもなく、その登場によって世界が変わりました。このような**新しいテクノロジーに興味を持ったら、まずは使い倒すことが大切**です。良いとか悪いとか、キャリアにとって有利かどうかではなく、新技術と向き合うことで得られる新しい知識やスキルが重要です。

生成AIは、単なるツール以上の存在です。それを活用することで、業務の効率化や新しいアイデアの創出が可能になります。私は生成AIを使って新しいプレゼンテーションのアイデアを考えたり、データ分析の効率を高めたりしています。このように、生成AIを積極的に活用することで、自分のスキルを向上させ、キャリアをさらに発展させることができます。

——様々な仕事の依頼が届くと思いますが、どのようなスタンスで臨んでいますか。

澤氏：私のキャリアにおいて、**返事は「はい」か「YES」であることを基本**としています。例えば、どんなテーマの講演依頼でも、まずは受けることを心がけています。講演の内容や聴講者の詳細を気にせず、まずは受けてから内容を考えることで、多くの経験と新しい知識を得ることができます。**初めてのテーマや未知の分野でも、まずは挑戦することで、引き出しの中に新しいネタを増やすことができます**。あるテーマに基づいて考えるクセがつくと、脳内で常にそのテーマについての思考が動いている状態になり、新しい情報がどんどん入ってくるようになります。このように、インプットとアウトプットを繰り返すことで、知識の幅が広がり、キャリアの成長に繋がります。

――これからの激動の時代において楽しくキャリアを伸ばしていくためには、どのような心構えが必要でしょうか。

澤氏：まずは自分の**好奇心を大切にする**ことが重要です。自分の好きなこと、興味のあることに時間を使うことで、人生を豊かにすることができますし、他者との差別化にもなります。好きなことを合わせ技にして、仕事にも繋げることで、新しいチャンスを広げることができます。また、**時代の変化に敏感であること**も大切です。リセットの瞬間を逃さず、自分の直感を信じて行動することで、新たなチャンスを掴むことができます。これからの時代を楽しく過ごすためには、自分が興味を持つことに没頭し、時代の変化に敏感でいることが重要です。

実は、私はビジネス的にメジャーな資格はほとんど持っていませんが、煎茶道方円流の師範や空手の黒帯を持っています。普通に考えたらビジネスでは役に立たない資格です。しかしながら日本マイクロソフトに転職

※2：https://rc.persol-group.co.jp/thinktank/data/global-2022.html

する際、採用担当者の一人が私の履歴書に記載していた「煎茶道師範」という資格に目を留め、「こんな珍しい資格を持っている人はなかなかいないから、雇っておいた方が良い」と言ってくれたのです。なお、エンジニアとしての評価は決して高くなかったとも後から聞きました（笑）。

私のキャリアは偶然の積み重ねによるところも大きいですが、それが結果的にビジネスでの強みとなっています。直接仕事に繋げようとしたわけではなく、好きで始めただけなのですが、その結果ストレスなく続けることができ、人生を豊かにすることができました。自分の強みや興味を活かし、日々の学びを大切にすることで、みなさんのキャリアが必ず素晴らしいものになると信じています。

第 3 章

セルフ
プロモーション力

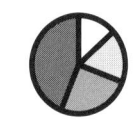

セルフプロモーション力の強化
～効果的な五つの施策～

キャリア構築において高めておきたい能力が、自分を売り込む力、つまり「**セルフプロモーション力**」です。ここでは、その力を強化するための施策を五つ紹介します。個人をブランド化し、効果的に伝えることで、情報過多の現代において自分のキャラクターを認知してもらいましょう。

▼ 施策① あなたを一言で表す

セルフプロモーション力の第一歩は、**自分を一言で表せるか**どうかです。そのためにはまず、自分が何者であるかを理解しなければなりません。得意分野は何か？　これまでの経験は？　好きなこと、嫌いなことは？　これらを明確にするためには、やはり**スキルや経歴の棚卸し**が重要です。

自分の経験やスキルをリストアップし、何が得意でどのような実績があるかを具体的に書き出してみましょう。例えば、エクセルの計算式が得意、プロジェクト管理が得意、人とすぐに打ち解けることができるなど、細かいスキルや性格も含めて棚卸しを行います。また、「自分では当たり前だと思っていること」が、他人には「驚くべきスキル」であることも多いです。「エクセルの関数が得意」というスキルは、パソコンが苦手な人に取ってみると魔法のような能力です。自分の常識を見直し、それをアピールポイントとして活用しましょう。

自分の得意分野や専門性を明確にしたら、それに基づいて**キャッチフレーズを作成**します。例えば、デジタルマーケティングが得意であれば「デジマのスペシャリスト」、人事採用に強みがあるなら「採用のエキスパート」などです。私の場合は、この書籍を執筆するにあたって「ポートフォリオ型キャリア研究家」という肩書きを使うことにしました。

▼ 施策② 小さな分野のトッププランナーを目指す

最初は自称でも構いません。**自分が目指す分野で「○○の専門家」として活動しましょう**。例えば、「地域活性化のプロフェッショナル」として活動を始めることで、徐々にその分野での認知度が上がっていきます。広い分野でトップを目指すのは難しいですが、小さな分野であればトップランナーになることは可能です。例えば、「地方自治体のデジタルマーケティング専門家」として活動することで、その分野の第一人者になることも十分可能です。

テクノロジーの進化や社会の変化によって、新しいスキルや知識が求められる瞬間があります。第2章で澤円さんが述べたように、ウィンドウズ95の普及によるインターネットの一般化、スマートフォンの台頭、リモートワークの日常化など、こうした**社会常識がリセットされた瞬間に新しい分野の専門家として名乗りを上げる**ことも効果的です。

▼施策③ コンテンツとコンテキストを意識する

情報化社会において、優れたスキル、商品やサービス、メディアを持つことは成功への重要な要素ですが、それだけでは不十分です。単なる「コンテンツ」だけでは、多くの競争相手の中で埋もれてしまう可能性があります。そこで必要となるのが「**コンテキスト**」です。コンテキストとは、文脈や背景、キャラクターなど、誰が言っているのか、どのような背景を持つ人物が発信しているのかという部分です。

一方、**コンテンツ**は、中身そのものです。商品やサービス、スキル、発信媒体などがこれに当たります。例えば、ブログ記事やユーチューブ動画、自分の提供するコンサルティングサービスなどがコンテンツです。これは、利用者や読者にとって役に立つものである必要があります。快さを増大させたり、苦しさを減少させたりするものです。しかし、どんなに良いコンテンツを提供したとしても、それを伝えるキャラクターが魅力的でなければ、信頼されません。「何」が語られているかよりも、「誰」が語っているかが、現代の価値基準になっています。

つまり、**コンテンツが真価を発揮するためには、それを取り巻く文脈や背景、つまりコンテキストが非常に重要**だということです。

例えば、ある著名な漫画家が長期間休載していた作品の連載再開を発表したとします。この新作漫画（コンテンツ）は、それ自体が面白いものであることは大前提です。しかし、読者にとってさらに魅力的に映るのは、この漫画家がどのような経緯でこの作品を作り上げたのかという背景（コンテキスト）です。SNSで原稿を制作している様子を共有することで、読者はその背景に共感し、期待値を高め、作品に対する興味や愛着が増すのです。

もう一つ例として、「フットワークを軽くして人生を楽しもう」という提案があったとします。このメッセージ自体は多くの人に受け入れられやすいものです。しかし、この提案をしている人物が、実際に多くの職場を経験し、様々な挑戦をしている人物であれば、その言葉には説得力があります。逆に、10年間同じ職場で働いている人物が同じことを言っても、説得力は薄れてしまいます。**体現できているかということが、コンテンツの重みを左右**するのです。

▼ 施策④ 自分のキャラクターを構築する

セルフプロモーションにおいて、自分のキャラクターを構築することは不可欠です。これは単に「大きく見せる」ことではなく、**適正な言葉で自分を表現し、発信するメッセージと矛盾しないキャラクターを作り上げる**ことを意味します。例えば、長年同じ職場で働き続けている人が「一つのことを継続することの重要性」を語るのは自然ですが、多くの職場を経験している人がそれを語るのは不自然です。キャラクターを構築するためには、自分の強みや特性をしっかりと把握し、それを軸にメッセージを発信することが重要です。

▼ 施策⑤ 対象に応じたプラットフォームの選択

コンテンツを発信するプラットフォームも重要です。ブログ、SNS、画像、動画、音声など、

多様なプラットフォームを活用することで、伝えたい相手に効果的に情報を届けることができます。例えば、ブログでは詳細な情報やノウハウを伝えることができ、SNSでは簡潔なメッセージや最新情報を迅速に共有することができます。動画や音声は視覚や聴覚に訴えるため、感情的な繋がりを強化するのに役立ちます。こちらについては第4章で詳しく解説します。

これまで紹介したどのセルフプロモーション施策においても、共通しているのは、客観的に自分自身を眺められるかどうかです。自分を一言で表すキャッチフレーズを作り、それにふさわしいキャラクターを構築するというのは、自分を外から眺め、客観的にキャラクターを構築しているような作業と言えます。というのも、そのキャラクターに適した言葉やプラットフォームでメッセージを発信するという作業も、一歩引いた目で自分を眺めることができなければ、「一方的な売り込み」になりかねないからです。他者の視点に立ったとき、自分が構築したいキャラクターが効果的かどうかを、常に俯瞰しながら作り込んでいきましょう。

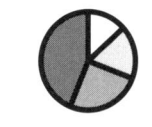

個のブランディングを成功させるために押さえておきたい基礎知識

前節でも触れましたが、現代のビジネスにおいて成功の鍵は単なるコンテンツの提供だけではありません。それらを取り巻く**個人のブランド化とプロモーション**が極めて重要です。しかし、個人のブランドとは具体的に何を指し、どのように構築されるべきなのでしょうか。本節では、ブランドの歴史や構造を紐解きながら、その知識を個人のセルフブランディングに応用する方法について詳しく解説します。

ブランドを構成する六つの要素

マーケティングにおいて、ブランドは単なるロゴや主張、理念を超え、クライアントとの深い関係性を構築するための重要な要素となっています。ブランドの起源は、北欧で牧場の所有者が家畜に焼印を施して他者の家畜と区別していた行為に由来します。現在のブランドは、商品やサービスを他と区別するためのあらゆる要素を含む概念として進化しました。デザイン、シンボルマーク、ブランドロゴ、商標、名称、キャッチフレーズ、そしてユーザーの経験や嗜好など、これらすべてが結びついてブランドイメージを形成します。

ブランドの基本的な構成要素には以下のものがあります。

ブランドの構成要素

❶ **明確なメッセージ**：ユーザーに対して一貫したメッセージを発信することで、ブランドの認知度と信頼感を高めます。明快なキャッチフレーズやロゴマーク、デザインもブランドの視覚的なアイデンティティ、存在証明を形成する要素で、ユーザーに強い印象を与えています。

❷ **本物感（本質感）**：ブランドが本物であるか、あるいは本物になるための努力を続けている姿勢が伝わることが重要です。

❸ **ライフスタイルへのフィット**：ブランドがユーザーのライフスタイルにフィットすることで、親しみやすさと共感を生み出します。

❹ **ストーリー性**：商品やブランドに物語性があることで、ユーザーの興味を引き、感情的な繋

がりを強化します。

❺信頼感：ブランドが信頼できる存在であることが、ユーザーの長期的な支持を得るために必要です。

❻ベストの選択であると感じさせる：ユーザーに対して、そのブランドが最良の選択であると感じさせることが、安心感を高めます。

提供者の役割

ブランドの構築には、**提供者（あなた）の活動が**不可欠です。提供者は、商品やサービスの質を高めるだけでなく、ユーザーとの信頼関係を築くための様々な施策を行います。これにはコンテンツの作成、マーケティング戦略や集客施策、ブランドイメージの構築が含まれます。

ユーザーの役割

一方で、**ユーザーもブランドの形成に大きな役割を果たします**。ユーザーはブランドから提供される利便性に満足し、その結果としてブランドに対する安心感や信頼感を持つようになります。また、ブランドの理念に共感することで、ブランドに対する忠誠心が生まれます。

ブランドの具体例

●**ルイ・ヴィトン**：高品質な素材と卓越した職人技術を誇る、世界的に有名な高級ブランド。消費者にとってのステータスシンボルとなっています。豪華客船の沈没という不幸な事故があった際、ルイ・ヴィトンのトランクだけは浮いていたというエピソードも残っています。このエピソードは、トランクの防水性と頑丈さを示すものであり、ルイ・ヴィトンのトランクが単なる収納具ではなく、過酷な状況でも所持品を守る信頼性の高い製品であることを証明しました。

●**アップル**：革新的なデザインと使いやすさで知られるテクノロジーブランド。独自の理念で多くのユーザーの支持を得ています。

●**ユニバーサル・スタジオ・ジャパン**：エンターテイメントと体験型アトラクションで知られるテーマパークブランド。来園者に特別な思い出を提供しています。

●**土屋鞄製造所**：高品質な革製品を提供する日本のブランド。シンプルで長く使えるデザインが人気です。

●**二郎系ラーメン**：極太麺とボリューム満点のトッピング、そして背脂が特徴のラーメンブランド。独自のスタイルと味わいで熱狂的なファンを持っています。

価値と価値観の概念をブランドに活かす

ここで「**価値**」の定義について確認しましょう。「価値」という言葉はたった二文字で構成されていますが、その本質はなんでしょうか?

●人類の役に立つ事象×希少性＝価値（※ただし「価値観」は人によって違う）

私はよく右記の計算式を用います。ここでは「ダイヤのネックレス」と「スイスの老職人が丹精込めて手作りした時計」の対比事例を使って、価値について説明していきましょう。

ダイヤのネックレスには装着している人をきらびやかに見せる効果があります。あるいは、「私はこのダイヤを着けるにふさわしい人間だ」と自尊心を高めることもできます。このように使用者にとって、何かしらの便益を提供できるものが「価値」と感じてもらう一つの要素になります。

「希少性」についてですが、要は世の中にありふれたものに対して人間は価値を感じないという点が挙げられます。ダイヤモンドは貴重な宝石だからこそ価値として認識されるのです。道端にゴロゴロと大量に転がっていたら誰も見向きもしません。

さらに忘れてはならないポイントとして、人によって「価値として認識する要素が異なる」という点があります。例えば妻にとってはダイヤのネックレスは「価値」と認識されるかもしれませんが、私からしてみると財布からお金を減らしていく「敵」なのです。

一方、私はスイスの職人が一つ一つ手作りしている、閏年閏秒、月の満ち欠けの調整すら必要ない、自動巻きの時計が欲しいわけです。小さな文字盤の中には小宇宙が詰まっている……、腕に小宇宙が存在するなんてロマンじゃないですか。でも、妻からは「時計なんてスマホで十分じゃない」と言われるわけです。だから私はここ20年腕時計をしていません。

つまり、ある人にとっての「価値」は、ある人の「価値観」からすると、真逆に見えるわけです。価値と価値観の関係性、少し感じてもらえたでしょうか。**ブランドも同様で、ごく一部の価値観を共有する人にとって最重要（価値）であれば良い**、というわけです。

▼これまでの内容を個人のブランド化に活かす

ブランドの構築に関してこれまで取り上げた要素は、個人のブランディングにも応用することができます。例えば、個人のブランディングにおいても、明確なメッセージを発信し、自分自身の本物感を伝えることが重要です。また、自分のライフスタイルやストーリーを共有することで、他者との共感を生み出し、信頼感を築くことができます。

個人ブランディングの実践においては、以下のポイントを意識すると良いでしょう。

個人ブランディングで押さえておきたいポイント

❶**自分の強みを明確にする**：自分が得意とすることや他者よりも優れている点をはっきりとさせ、それを軸に差別化を行います。

❷**一貫したメッセージを発信する**：ブログ、SNS、動画、書籍などを通じて、自分のメッセージを一貫して発信し続けることが重要です。

❸**本物感を伝える**：自分の経験や努力を具体的に伝えることで、本物感をアピールします。

❹**ライフスタイルを共有する**：日常の出来事や考え方を発信し、自分のライフスタイルに共感してもらうことで、ファンを増やすことができます。

❺**ストーリーを作る**：自分の人生やキャリアにおける物語を共有し、読者や視聴者に感情的な繋がりを持ってもらうことが大切です。さらに成功例や失敗談を交えると説得力が増します。

❻**信頼を築く**：誠実な対応や一貫した行動を通じて、信頼を築きます。信頼は長期的な関係を

構築するための基盤となります。

ここまで述べてきたように、ブランドの構築は商品やサービスだけでなく、個人にも大いに関係があります。**個人が自分をブランド化することで、他者との差別化が図れ、自分自身の価値を高める**ことができます。明確なメッセージを持ち、ライフスタイルやストーリーを共有し、本物感を伝えることで、他者からの信頼を獲得しやすくなります。

また、ブランドとしての自分を確立することで、仕事やプライベートにおいても多くの機会が生まれます。ブランドとは、単なる商標やロゴではなく、**ユーザーやファンとの深い関係性を築くための強力なツール**です。だからこそ、自分をブランド化することは、成功への重要な一歩となるのです。信頼感を築き、共感を得ることで、長期的な成功を手に入れるための基盤を固めることができるでしょう。

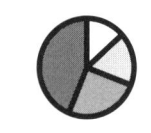

コンプレックスを独自の強みに変える

誰にでもコンプレックスはあります。容姿、学歴、経済状況、それぞれが持つ悩みや劣等感など。しかし、その**コンプレックスを強みに変えることができれば、あなたのキャリアは飛躍的に成長する**可能性があります。本節では、コンプレックスを強みに変えた具体的な事例を通じて、あなたが自信を持って前進するための方法を紹介します。

▼コンプレックスと感じるか、独自性と感じるか

コンプレックスは、他者との違いから生じることが多いです。しかし、その違いをネガティブに捉えるか、ポジティブに捉えるかで、結果は大きく変わります。例えば、身長が低いことをコンプレックスに感じる人もいれば、それを個性として活かす人もいます。自分の特徴を理解し、それを

どのように見せるか、どのように活かすかを考えることが重要です。

現象は一緒でも、解釈は変えられる

同じ現象でも、それをどう解釈するかで結果は大きく変わります。

低身長をネガティブに捉えれば、自己評価が低くなりがちですが、それをユニークな特徴として捉えれば、自分だけの強みとして考えることもできます。つまり、解釈の仕方を変えることで、コンプレックスを独自の強みに変えることができるのです。

解釈を変えるコツ

❶ **リフレーミング**：ネガティブな状況をポジティブに捉え直す方法です。例えば、失敗を「成長の機会」と捉え直すこともその一例です。

❷ **他者の視点を取り入れる**：他者の視点から自分の状況を見つめ直すことで、新たな解釈が得られることがあります。友人や指導者の意見を聞くことも有効です。

❸ **成功事例を学ぶ**：同じようなコンプレックスを持ちながらも成功した人の事例を学ぶことで、

自分の見方を変えるヒントを得ることができます。

▼あなたのコンプレックス解消法は、誰かの助けになる

あなたがコンプレックスを乗り越えるためにとった方法や経験は、他の人にとって貴重な助けとなります。**情報を共有することで、同じ悩みを持つ人たちに希望や勇気を与えることができます。**例えば、ブログやＳＮＳで自分の経験を発信することで、同じような悩みを持つ人たちの共感を生むことができます。共感はファン化への第一歩です。また、ファンと交流することにより、あなた自身も新たな気づきやサポートを得ることができます。

低身長のコンプレックスを持つHappYさんの事例

https://www.instagram.com/happy20041002/

ＨａｐｐＹさんは、身長１４４㎝という低身長のコンプレックスをコンテンツ化して、小柄な女性向けのファッションブログを始めました。彼女は自分の悩みを共有することで、多くの人々の共感を得ました。インスタグラムのフォロワー数は３・９万人を超え（２０２４年９月現在）、今では大

手デパートで小柄向けファッション講座を行うまでになりました。彼女の**成功の秘訣は、自分のコンプレックスを強みに変え、それを積極的に発信すること**でした。

HappYさんは、もともと育児をしながら取り組める仕事を探していました。ファッションが好きでしたが、当時は小柄な女性向けの洋服のバリエーションは限られていました。そこで、自分が苦労した経験を軸に小柄な女性向けのコンテンツを作り始めたのです。彼女のブログやインスタグラムには、自身の試行錯誤や工夫が詰まっています。例えば、一般的なサイズの洋服をどのようにアレンジして着こなすか、店舗で見つけた小柄向けのアイテムをどのように選ぶかなど、具体的なアドバイスが満載です。

フォロワーが増えたのは、コンテンツの質だけでなく、**HappYさん自身のパーソナリティと共感力**が大きな要因です。彼女はフォロワーとのコミュニケーションを大切にし、コメントには必ず返信し、フォロワーからの質問にも丁寧に答えています。このように、フォロワーとの強い絆を築くことで、彼女のブランド価値が高まりました。

介護経験を強みに変えた工藤さんの事例

https://40kaigo.net/

工藤広伸さんは、親の介護という予期せぬ出来事でキャリアを変更せざるを得なくなりました。しかし、その経験を活かし、介護作家として新たなキャリアを築いています。彼の運営するブログ「40歳からの遠距離介護」は多くの読者に支持され、講演やメディア出演などの機会も増えています。工藤さんの成功の秘訣は、**介護という自分の経験をネガティブに捉えず、それを新たなキャリアの糧とした**ことです。

工藤さんは、会社員時代に介護のために2度の離職を経験しています。2度目の介護離職後に介護ブログを開始し、介護に関する情報を発信し続けました。彼のブログは、具体的な介護の方法や自身の経験に基づくアドバイスにより多くの人々に支持されています。

彼の活躍の背後には、困難な状況でも楽しみながら乗り越えようとするポジティブなマインドと、常に新しい介護手法を模索し続ける姿勢があります。彼の事例は、どんな困難な状況でも、それを糧にして新たな道を切り開くことができるという希望を与えてくれます。

自己成長と他者貢献

コンプレックスを乗り越えることは確かに大変ですが、その過程で得た経験や知識は、**他者への貢献**にも繋がります。自分の弱みを克服することで、自信を持って他者にアドバイスやサポートを提供できるようになります。例えば、カウンセリングやコーチングの分野では、自分の経験をもとにクライアントをサポートすることが非常に効果的です。

そしてコンプレックスを乗り越えた経験は、**非常に強力なストーリー**になります。自分の体験談を発信することで、多くの人々に共感や勇気を与えることができます。ブログやSNS、講演などを通じて、自分の経験をシェアすることも有効です。これにより、同じような悩みを持つ人たちに希望を与え、彼らの成長をサポートすることができます。

HappYさんや工藤さんのように、**他者との違いや経験を活かして新たな道を切り開くことができれば、あなたのキャリアも飛躍的に成長**するでしょう。今抱えているコンプレックスを、未来の強みに変えるために、今日から一歩踏み出してみませんか？　あなたの経験や努力は、必ず誰かの助けとなり、新たな可能性を開く力となります。

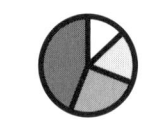

一貫したメッセージと熱量を持ち、共感と納得を得る

信頼されるブランドは、ユーザーやクライアントに安心感を与え、選ばれる理由となります。信頼を築くためには、個人ブランディングの節でも述べましたが、**一貫したメッセージを持つ**ことが重要です。ブランドのコアとなるメッセージや価値観を明確にし、それを一貫して発信し続けることで、消費者に安心感を与えられます。

また、高品質なコンテンツの提供は、ブランドへの信頼を築く基本です。ユーザーが期待する品質を常に提供し続けることで、信頼が積み重なります。

さらに、透明性と誠実さを持つことも重要です。あなたというブランドがどのように運営されているか、どのような価値観を持っているかをユーザーに明示し、問題が発生した際には誠実に対応することで、信頼を得ることができます。

感情や熱量は他者と同期できる

ブランド化を成功させるためには、**ユーザーの感情や熱量と同期する**ことが必要です。人間の感情は移りやすく、熱意を持って話す人に対して共感しやすい傾向があります。科学的にも、**友人や家族などの近しい人々と感情的な瞬間を共有すると、彼らの脳波が類似したパターンを示す**ことがわかっています。この現象は「インターパーソナル・ニューロンネットワーク」として知られ、感情的な繋がりが強まると、その同期度合いも高まることが示されています。また、こうした同期現象は、相手の感情や意図をより深く理解するための脳のメカニズムの一部と考えられています。[※3]

また、主観的で断定的な言葉、「この商品は絶対にあなたの生活を変える」などと断言することで、読み手に強い印象を与えることができます。また、情熱を込めたストーリーテリングも効果的です。自分の経験を情熱的に語ることで、読み手の感情に訴えることができます。さらに具体的なエピソードを交えることで、読者はその情景を思い浮かべ、感情移入しやすくなります。

※3：https://www.sciencedaily.com/releases/2024/04/240423113041.htm

写真や動画を使って視覚的に感情を伝えることも効果的です。視覚情報は感情に直接訴える力が強いため、メッセージをより強く伝えることができます。例えば、商品の使用シーンを動画で紹介することで、ユーザーはその商品の価値を直感的に理解できるようになります。

▼同じ村(コミュニティ)に住んでいることを認識させる

ブランドの成功には、ユーザーとの一体感を醸成することが重要です。**同じ価値観や目標を持ち、同じコミュニティに属しているという認識を持たせる**ことで、ブランドに対する忠誠心を高めることができます。

例えば、ブランドが大切にする価値観やルールを明確に伝え、それを共有することで、一体感を醸成します。「私たちは同じ目標や理想の未来を共有しています」というメッセージを伝えることで、消費者はブランドに対して親近感を抱きます。また、コミュニティ内で尊敬されている人物や影響力のある人の言葉を引用することで、ブランドの信頼性を高めることもできます。

さらに、実際のユーザーの声やレビューを共有することで、同じコミュニティに属する他の人々にも安心感と信頼を与えることができて、ブランドの価値をより具体的に伝えることができます。

▼メッセージ（コア）に一貫性がある

最初に述べたように、ブランドのメッセージは一貫性が求められます。**首尾一貫した世界観や価値観を提示することで、ユーザーの信頼を得る**ことができます。

ユーザーは、一貫したメッセージを持つ、「あなた」というブランドに対して信頼を寄せます。一貫した矛盾のないメッセージを発信することで、ブランドの熱量や情熱を強く伝えることができ、ユーザーとの感情的な繋がりを深めることができるでしょう。

ブランド化の第一歩は、社会的信頼度を高めることから始まると言っても過言ではありません。一貫したメッセージと熱量を持ち、共感と納得を得ることで、あなたに共感するファンが増えてくることでしょう。ブランド化の旅をぜひ楽しんでください。

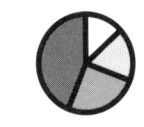

権威性の上げ方
~社会的信頼度を上げる四つの手法~

社会的信頼度、すなわち**権威性**は、セルフプロモーションにおいてもキャリアの構築においても重要な要素です。人は「社会的地位」を持つ者に対して自然と信頼を寄せ、その意見を尊重しがちです。例えば、知名度の高い組織に所属している経営者、有名人、研究者、インフルエンサーなどは、その発言力の強さから多くの人々に影響を与えます。

権威性を高めるための基本的なシンボルとして、肩書きが挙げられます。例えば、名刺に「○○博士」と書かれていると、話を聞く前からその人を専門家として認識し、信頼を寄せる傾向が強まります。また、「○○のプロ」といった自称のポジションや、課金すれば得られるＳＮＳの認証マークでも、初対面の相手に対して一定の信頼感を与える効果があります。しかし、**権威性を高めるためには、単なるシンボル以上の実績や信頼を積み上げる**必要があります。

▼手法① 自己発信

権威性を高めるための第一歩として、自己発信が重要です。ブログやnote、SNSなどで**得意分野の情報を発信することは、自身の専門知識を広く認知させるための基本**となりますし、質の高いコンテンツを提供することで、信頼性を高めることができます。

また、自分の名前を載せてくれるメディアに寄稿することも有効です。例えば、専門的なウェブメディアや雑誌に寄稿することで、専門家としての認知度を高めることができます。

さらに、セミナーや講座の開催も効果的です。ユーチューブやユーデミーなどのオンライン講座プラットフォームを利用しても良いでしょう。さらに商業出版や電子書籍の出版も、専門家としての権威性を高めるための有効な手段です。

▼手法② 取材の受け入れ

次に、取材を受けることも権威性を高める方法の一つです。**レガシーメディアであるテレビ、ラ**

ジオ、新聞、雑誌からの取材依頼は積極的に受けるべきです。これらのメディアに取り上げられることで、世間に広く認知される機会が増えます。

また、**インターネット上の新興メディアにも積極的に協力**することが重要です。テキストコンテンツやユーチューブなどの動画配信メディアでの取材依頼を受け、自分の専門分野について発信することで、信頼度を高めることができます。

取材の依頼を受ける際には、迅速かつ丁寧に対応することが重要です。取材依頼に素早く対応し、原稿の確認や修正依頼にも迅速に応じることで、メディア関係者からの評価を高めることができます。このような対応が、次の取材依頼や推薦に繋がることが多いのです。

▼手法③ 公的機関での業務

公的機関との連携も権威性を高めるために有効です。**地方自治体や観光協会、商工会や商工会議所などの非営利の団体と協力**することで、地域に根ざした信頼を築くことができます。例えば、地元の商工会議所で講演を行い、その内容が評価されることにより、次なるチャンスを得ることも考えられます。

また、**教育機関での活動**も権威性を高めるための一つの方法です。教員や研究員、非常勤講師としての経験を積むことで、専門家としての信頼度が向上します。

私自身も、長崎県壱岐市や宮崎県宮崎市、北海道滝上町、熊本県熊本市のアドバイザーとしての活動を通じて、公的機関との連携を深めています。プロボノ活動ですので金銭的には無償での活動ですが、地域社会からの信頼を得るだけでなく、地域活性化プロジェクトへの参加や講演依頼が増え、さらなる実績を積むことができました。

▼手法④　資格の取得

資格の取得も権威性を高めるために有効です。例えばIT業界で活動したい場合、国家資格であるITパスポート試験やITストラテジスト試験、情報セキュリティマネジメント試験などを取得することで、ITにまつわる専門家である信頼度を上げることが可能です。

民間資格でもマイクロソフトオフィススペシャリスト（MOS）やウェブ解析士など、関連する**資格を取得することで、自身の専門知識を証明**することができます。

私もITパスポートを取得することで、IT関連のプロジェクトに対する信頼性を高めました。

さらに、現在も他の関連資格の取得に向けて勉強を続けています。これにより、クライアントからの信頼をさらに強化し、新たなビジネスチャンスを広げることができるのです。

以上のように、権威性を高めるためには、自己発信、取材の受け入れ、公的機関との連携、資格の取得といった具体的な方法を実践することが重要です。これらの方法を組み合わせることで、多方面からの信頼を得ることができます。大切なのは、**持続的に努力を続け、自身の実績を積み上げていく**ことです。結果として、あなたの信頼性は確実に向上し、より多くの人々に影響を与える存在となるでしょう。

もちろん権威性を高めるための取り組みは、一朝一夕で達成できるものではありません。しかし、継続的な努力と実績の積み重ねが、必ずあなたのキャリアを支える大きな力となります。焦らず、自分のペースで進み続けることが大切です。

共感を促すストーリーテリングの手法

ストーリーテリングは、自己紹介やビジネスのプレゼンテーション、商品のマーケティングなど、様々な場面で効果を発揮します。特に、**キャリア構築においては、自分の経験や実績を魅力的に伝えるための強力なツール**となります。この節では、ストーリーテリングの基本的な手法と、その効果的な活用方法について具体的な事例を交えて紹介します。

▼ストーリーの重要性

ストーリーは、人々に感情的な繋がりを生み出し、共感を引き出すための重要な要素です。人々は、うまくいかない現状からの脱出や挫折とそれを乗り越えた先の栄光といったストーリーに心を動かされます。自分自身の経験を物語の主人公に置き換えることで、うまくいかない人生でも逆転できるかもしれないという希望を抱かせるのです。

ストーリーに必要な九つのステージ

効果的なストーリーを構築するためには、以下の九つのステージを理解し、それに沿って物語を展開する方法が効果的です。なお、物語の構築について興味がある方は『神話の法則』（クリストファー・ボグラー著／ストーリーアーツ＆サイエンス研究所）、あるいは『物語の法則』（クリストファー・ボグラー＆デイビッド・マッケナ著／KADOKAWA）を一読することをおすすめします。両書籍では12のステージで解説していますが、本著では簡潔に9のステージとしています。

❶ **日常世界**：主人公が普段の生活を送っている状態
❷ **冒険への誘い**：新たな挑戦や冒険の始まり
❸ **冒険の拒否**：主人公が最初に冒険を拒む
❹ **賢者との出会い**：主人公を導く存在との出会い
❺ **戸口の通過**：冒険の世界に足を踏み入れる瞬間
❻ **試練、仲間・敵との出会い**：様々な試練や新たな出会い

❼ **最も危険な場所への接近**：最大の困難に直面する場所への接近
❽ **最大の試練**：主人公が最大の試練を乗り越える瞬間
❾ **報酬**：試練を乗り越えた後の報酬

なお、『スター・ウォーズ』『アナと雪の女王』『VIVANT』『ドラゴンボール』などの有名な映画やドラマ、アニメーションなどでも、これら九つのステージは使われていますので、意識しながら視聴すると様々な気づきを得られるはずです。

ストーリーテリングの実践

ストーリーテリングを活用することで、自分の経験をより魅力的に伝えることができます。例えば、あるコンテンツがどのように生み出され、どのような試練を乗り越えて完成したのかを物語にすることで、読み手の共感を得ることができます。また、自分のキャリアの転機や成功体験、失敗談をストーリーとして語ることで、印象に残すことが可能です。

実際に私自身を事例として、ストーリーテリングのテクニックを使って文章化してみましょう。

以下の文章は私の単著デビュー作である『ブログ飯』の第一章を、ストーリーテリングを意識して要約したものです。

普通のサラリーマンだった私は、人事や営業管理の仕事をこなしながら、家族と平凡な生活を送っていました。出張先でのグルメ探索や、仕事の合間にマンガ喫茶での新刊を楽しむ、ごく一般的な日常を過ごしていました❶。しかし、2008年に発生したリーマン・ショックにより勤務先の不動産会社が大きなダメージを受けました。経営不振に陥った会社は希望退職を募り、私は重大な選択を迫られました。家族のために安定した生活を続けるか、自分の力で新たな道を切り開くかという選択です❷。

安定を捨てて独立することに対しては大きな不安がありました。特に、収益面が不安定になることへの恐れが大きかったのです❸。しかし、家族の理解と支援が支えとなり、希望退職を決意しました。そして、2009年5月にフリーランスとしての生活がスタートしました❺。

独立後、まずはブログを始め、自分の経験や知識を活かして収益化を図ることにしました。しかし、最初の1年は苦労の連続でした。収益が思うように上がらず、貯金が減っていく不安と戦いながら、ブログ記事を量産し続けました。途中、家族や友人の励ましがあり、心のバランスを保ちながら試行錯誤を繰り返しました❻。

しかしながら収益が上がらない状況が続き、深夜のアルバイトを検討するほど追い詰められていました❼。そんなとき、偶然見たスマートフォンのコマーシャルがきっかけで、新しいブログのテーマを見つけました。２０１０年にスマートフォンが発売されたものの、誰もが新しいテクノロジーに戸惑い、使い方すらわからない時代でした。そこで、スマートフォンの使用法に関するブログを立ち上げ、膨大な時間を費やして記事を執筆しました❽。やがて、１日３万アクセスを超えるブログに成長し、広告収益も安定するようになります。

ブログの成功により、家族を養うための十分な収益を得ることができました。さらに、複数のブログを立ち上げることで、収益源を分散させ、安定した生活基盤を築くことができました❾。この成功体験をもとに、私はブログ運営や収益化のノウハウを他者に共有し、講演やコンサルティングなどの新たな分野でも活躍できるようになりました。

「諦めずに挑戦し続けること」が成功の鍵であると強く感じています。挑戦を続けることで、自分の体験が誰かの役に立つという実感を得た私は、さらに多くの人にこの経験を共有し、新たなチャレンジを始めようとしています。

いかがでしょうか？　ページの関係上、シンプルにまとめてしまっていますが、たった1000字でも物語を作り出すことは可能です。

このようにストーリーテリングは、自己PRを伴うキャリア面談や副業案件を検討してもらうような場面から、SNSやブログ記事による発信まで、セルフプロモーションを行う上で強力なツールとなります。自分の経験や実績を物語として伝えることで、人々に共感を呼び起こし、信頼を得ることができます。物語の基本的な構造やキャラクターの役割を理解し、効果的に活用することで、あなたのメッセージはより強力なものとなるでしょう。**成功の鍵は、あなた自身の体験にあります**。あなたの物語が、多くの人々に希望と勇気を与えることを願っています。

キャリアを飛躍させるための心構えと実践

森本千賀子（もりもと・ちかこ）

93年現リクルート入社。人材戦略コンサルティングから主にCxOクラスの採用支援を中心に、企業の課題解決に向けたソリューションを幅広く提案。累計売上実績歴代トップ、全社MVPなど受賞歴30回超。2017年morich設立。NPO理事や社外取締役・顧問等も務め、パラレルキャリアを体現した多様な働き方を実践。NHK「プロフェッショナル仕事の流儀」「ガイアの夜明け」等多くのメディアにも出演、日経オンライン等のWeb連載のほか『本気の転職』等著書多数。文科省「アントレプレナーシップ推進大使」にも任命。

——多様な働き方が認められている今、自分のキャリアを見つめ直す必要性についてお聞かせください。

森本氏：キャリアを見つめ直すことは、現代の急速な変化に適応するために極めて重要です。私自身、キャリアの節目ごとに自分の方向性を見直すことを心がけてきました。例えば、リクルート時代には、ビジネス形態の変化や、対峙してきたマーケット環境・市場の変動に伴い、自分のスキルセットや知識を絶えず更新する必要がありました。

キャリアは静的なものではなく、常に進化し続けるべきです。最低でも毎年1回は自分のキャリアの目標と現状を比較し、そのギャップを埋めるためのアクションプランを策定することが理想です。このプロセスを通じて、自分の強みや弱点を再確認し、必要なスキルを強化することで、常に市場価値を意識し続けることができます。特に、デジタル技術の進化やグローバル化の進展により、従来のキャリアパスが通用しなくなることも多いため、自己改革の意識を持ち続けることが求められます。

リスクを取らず、**「変わらないこと」が最大のリスク**です。昔のように組織に属していれば安泰という時代は終わりました。働く個人が自らのキャリアについて主体的に考え、自らのキャリアに責任を持ち、自らキャリア形成に取り組んでいく**「キャリア自律」のマインドセット**が重要です。

——自分の強みや魅力に気づく方法について教えてください。

森本氏：自分の魅力を発見するためには、**徹底的な自己分析**が欠かせません。私がキャリアの初期に行った自己分析では、過去の成功体験や失敗から得た教訓、価値観、関心のある分野や活動を振り返ることで、自分の強みや得意な分野を特定しました。

人の価値観は、過去の経験や体験によって形成されます。家族や友人、学校の教師など、身近な人々からの影響を受けることが多いですし、読んだ本や観た映画なども価値観を作り上げる要素となります。現在、仕事や環境に対してポジティブな感情を抱いているのであれば、ぜひそのまま育ててください。もしネガティブな感情を抱いている場合、それは生来のキャラクターなどの問題ではなく、過去の経験や体験によるものかもしれません。過去に形成された価値観は、自分が理想とする新しい考え方や価値観に書き換えることが可能です。

ありたい自分の姿を具体的にイメージし、その特徴や状態を言語化して紙に書き出し、声に出して何度も読み上げます。これにより、潜在意識に新しい価値観を刷り込むことができます。人は意識すると、以前は見逃していたものに反応するようになります。

また、**他者からのフィードバックも非常に重要**です。信頼できる同僚や友人、キャリアアドバイザーなどからの意見を取り入れることで、自分では気づかなかった魅力を見つけることができます。転職エージェントとして活動していた際、多くの候補者が他者からのフィードバックを通じて自分の強みを再発見する場面に立ち会いました。

このように、自己分析と他者からのフィードバックを組み合わせることで、自分の強みを最大限に引き出すことができます。さらに、定期的にキャリアを振り返ることも推奨しています。自己評価を継続的に行うことで自分の現在地を知り、長期的な視点で自分の成長を確認できます。

——自分のスキルを最大限アピールする方法についてお聞かせください。

森本氏：自分のスキルを効果的にアピールするためには、明確に言語化することが必要です。キャリアアドバイザーとして多くの転職希望者に対して伝えていることは、単に「これまで何をしてきたか」ではなく、「**その経験がどのように新しい環境で役立つか**」です。具体的な成功事例や成果を数字で述べるだけでなく、その背景を伝えることも重要です。「社内MVPを獲得した」「売上を50％伸ばした」と言っても、会社が違えば数字の価値も変わります。それよりも「なぜその成功が生まれたのか」や「その成功を再現する方法」を明確に伝えることで、新たな環境で貢献できることのエビデンスになります。結果として選考者に強い印象を与えることができます。

また、ソーシャルメディアやブログを活用して自分の専門知識やスキルを発信し、**自己ブランディングを行うことも有効**です。ビジネスに強いSNSである「リンクトイン」で専門性の高いプロフィールを作成し、業界に関連する記事を執筆するのも良いでしょう。ビジネスカンファレンスに参加、あるいは登壇などを通じて、自分の存在感を高めることができます。

スキルの言語化と戦略的な発信、そして**自分のキャッチフレーズを組み合わせる**ことで、効果的に自分をアピールすることが可能になります。私も赤色をテーマカラーとした会社のロゴマークを作成し、「困ったときの〝もりち〟（※「もりち」は森本氏の愛称であり社名）」、「All Rounder Agent」というキャッチフレーズを使っています。人が困ったときに、パッと脳裏に思い浮かぶ人間になりたいと思い、日々を過ごしています。

――現在の企業はどのような人材を求めているのでしょうか。

森本氏：企業が求める人材は時代とともに変わりますが、**基本的には柔軟性と適応力を持つ人材が高く評価**されます。私が転職エージェントとして携わってきた中で、特に評価が高かったのは、未経験の分野でも自ら学び、挑戦する姿勢を持つ人たちです。

元オラクル幹部で、テスラなどでリーダー育成を手がけ、『ルーキー・スマート』などの著書があるリズ・ワイズマン氏も、「科学的な情報の量は9カ月で2倍のペースで増え、1年間に30％のペースで時代遅れとなる。常に知識を更新し続けない限り、5年先に使える知識は15％しか残っていない」と伝えています。また、リクルートの調査では、過去10年間の中途採用実績において、約7割弱の転職者が異業種への転職「越境転職」を実現しています。テクニカルスキル以上に、**どの業界でも持ち運びができるポータブルスキルが重要視**されています。企業は単に技術力だけでなく、新しい技術を学ぶ意欲や変化に対応する能力を重視しています。例えば、技術的なスキルが必要なポジションでも、企業は柔軟性と適応力を持つ人材を高く評価します。さらに、コミュニケーション能力やリーダーシップなどの人間力が重要です。企業は単に専門知識を持つ人材を求めるのではなく、組織全体の成長に貢献できる人材を求めています。

さらに、創造力と問題解決能力も重視しています。変化の激しい現代社会では、既存の枠組みにとらわれず、新しいアプローチを提案できる人材が求められます。このように、**柔軟性、適応力、コミュニケーション能力、創造力を兼ね備えた人材が、企業にとって魅力的な存在となります。**

——魅力的なキャリアを積み上げる秘訣を教えてください。

森本氏：キャリアを積み上げるための秘訣は、**常に学び続ける姿勢と柔軟な考え方**です。

マイケル・オズボーン教授が、2017年に「スキルの未来」と題する論文の中で、2030年に最も必要になるスキルとして「戦略的学習力」を公表しました。私自身の経験を振り返ると、リクルート時代から現在に至るまで、多くの転職希望者や企業と接してきましたが、成功する人たちに共通しているのは、常に新しい知識やスキルを習得し続ける姿勢です。また、フィードバックを受け入れ、それを成長の機会とすることも大切です。自分の強みと弱みを理解し、改善点に取り組むことで、常に自分をアップデートし続けることが可能となります。

また、キャリアの節目ごとに自己分析を行い、**自分の目標や方向性を見直す**ことも重要です。これにより、キャリアの軌道修正が可能となり、常に前進し続けることができます。さらに、専門知識の習得に加え、**人的ネットワークの構築**も重要です。異業種交流会やカンファレンスに参加し、多様な人々とのネットワークを築くことで、キャリアの幅を広げることができます。学生時代等に積み上げた信頼関係をベースとした「人脈」と、薄くても繋がっておくべき「ネットワーク」、この両方が重要です。

大切なことは「どの山を登るのか」「頂上はどこなのか」を意識することです。方向とゴール地点がわかっていれば、どの道を通るかは人それぞれ自由です。「目指すゴールがわからない」「今いる場所がわからない」から、道に、自分のキャリアに迷ってしまうのです。

――森本さんは自分の事業にとどまらず、社外取締役や顧問、NPO理事など、多彩な活動をしています。このように、たくさんのサードプレイスを持つことのメリットを教えてください。

森本氏：サードプレイスを持つことは、**キャリアの多様性と自己成長を促進**します。私自身、多くのサードプレイスを持つことで、異なる視点や価値観を取り入れる機会が増えました。例えば、転職エージェントでの経験に加え、NPOやボランティア活動を通じて、社会的な課題に取り組む視点を得ることができました。また、サードプレイスでの活動は、**人脈・ネットワークの拡大にも繋がります**。異なる分野の専門家と交流することで、新しいビジネスチャンスやコラボレーションの可能性が広がります。さらに、そこで得た経験や知識は、自分自身のスキルや知識の幅を広げ、総合的な能力を向上させることができます。このように、多くの「場」に関わることは、キャリアの幅を広げ、自己成長を促進するための重要な要素です。異なる環境での活動を通じて得た知識や経験は、問題解決力やイノベーションの源泉となり、キャリアの多様性と自己成長を促進するための有効な手段となります。

――非常に忙しい毎日を送っていると思いますが、時間の捻出方法について教えてください。

森本氏：時間の捻出方法については、**優先順位を明確にすること**が鍵となります。私自身、リクルート時代から現在に至るまで、多忙なスケジュールの中でいかに効率的に時間を使うかを常に意識してきました。まず自分の目標を明確にし、それに基づいてタスクの優先順位をつけることが重要です。「自分がやりたいこと」「自分でないとできないこと」に時間と労力を集中します。

さらに、デジタルツールを活用してタスク管理を行うことも効果的です。例えば、プロジェクト管理ツールやカレンダーアプリを使用して、予定を一元管理し、関連するメンバーと共有し時間を効率的に使うことができます。また、**第三者に業務を委任すること**も重要です。すべてを自分で抱え込まず、信頼できるチームメンバーに業務を分担することで、自分の時間を有効に使うことができます。特に、常に業務を共有し自分の分身のようなアシスタントを確保、育てることをおすすめします。業務範囲を限定せず、どんどん広げていくことを推奨すれば学習効果が発揮され二乗で成長していきます。また、プロジェクトごとに責任者を立て、それぞれに権限を委譲することも効果的です。自分の時間を生み出すことができるとともに、パートナーの成長にも繋がります。

最後に、**自己管理とバランスを保つこと**も重要です。適度な休息を取りながら、自分のペースで働くことで、長期的なパフォーマンスを維持することができます。私は2児の母でもありますから、週末には完全に仕事を忘れて家族とリフレッシュする時間を設けるなど、オンとオフの切り替えを意識的に行っています。

優先順位を明確にし、効率的な時間管理と適切な委任を行うことで、多忙なスケジュールの中でも時間を捻出することが可能となります。生み出した時間で、また新しいことにチャレンジするのは楽しいですよ。

第4章

発信力

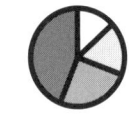

情報過多の現代、発信力は必須のスキルに

情報が氾濫する現代において、ポートフォリオ型キャリアを構築するためには、**情報発信力**はますます重要になっています。インターネットの普及により、誰もが情報を発信できるようになった一方で、その情報が埋もれてしまうリスクも増大しました。

インターネットが一般に普及し始める前は、情報の発信は限られた媒体で行われていました。新聞、テレビ、ラジオといった伝統的なメディアが主流であり、インターネット上の情報発信はウェブサイトを作成できる人、あるいは掲示板で交流する人など、一部の人間に限られていたのです。

しかし２０００年代に入るとブログやＳＮＳなどのサービスが始まり、個人が簡単に情報を発信できるようになりました。さらに２０１０年代にはスマートフォンの普及により、誰もが手軽に写真や動画を撮影し、ＳＮＳに投稿することができるようになったのです。このように、**情報発信のハードルが下がると同時に、発信されるコンテンツ量は爆発的に増加**しました。

一方で、コンテンツを閲覧する人の数は大きく変わりません。むしろ減っていると言ってもいいでしょう。日本では少子高齢化が進み、人口の減少が避けられない状況です。総務省の統計によれば、日本の総人口は2010年をピークに減少傾向にあり、2050年には1億人を下回ると予測されています。このような状況下で、情報の受け手が減少していることは明らかです。**コンテンツが増加し、情報を取得する人数（総時間）が減少しているという事実は、一つ一つのコンテンツが見られる確率が低くなっていくことを示唆しています。**

▼「伝える」ことの重要性

インターネットが発達した今、「**発信しない＝認知されない**」という現実があります。どんなに素晴らしいコンテンツや商品を提供していても、それが知られなければ存在しないのと同じです。

私は地方自治体の広報アドバイザーも務めているので、現地の宿泊施設や飲食店を運営している人、漁業や農業を中心とした生産者から「一度来てもらえば、食べてもらえば、良さがわかってもらえる」という声をよく聞きます。確かにその通りです。

でも、外部の人間からしてみると「聞いただけ・見ただけで、行きたくなる・食べたくなるきっかけ」が必要です。悪いものを作ろうなんて思っている生産者は存在しません。もはや、**製品やサービスが良いのは当たり前の時代です。そうなると、「伝える」という行動が非常に重要に**なります。

例えば、自分の得意分野を伝えることの重要性について考えてみましょう。仮に、あなたがプログラミングに長けているとします。自分だけがそのスキルを持っていても、それを必要としている人々に伝えなければ、そのスキルはあなただけのもので終わってしまいます。でも、もしあなたがブログやSNSを通じて、プログラミングの技術やプロジェクトの進め方を発信し始めたとしたらどうなるでしょう。それを見た人が「こんなに役立つ情報があるのか」と感じ、あなたのファンになってくれるかもしれません。一人でも二人でも興味を持って、フォローやコメントなどをしてくれたらすごいことです。その小さな積み上げによってあなたのスキルは認知されるようになり、結果として新しい仕事の機会が発生する可能性が上がります。

的確な内容を適切な人に届ける

「伝える」といっても、ただ一方的に発信するだけでは成果は生まれません。「的確な内容」を「適切な人」に届けることが重要です。いくら優れた内容でも、**適切な対象に向けて発信しなければその価値は理解されません。**プログラミングの情報を発信する場合、その情報が初心者向けなのか、上級者向けなのかを明確にする必要があります。また、キャリアのポートフォリオ化の重要性を伝える際には、現在の労働環境や、スキルアップに関心を持つ人々を対象にすることが重要です。

観光地の魅力を伝える場合も同様です。ファミリー向けの観光地であれば、家族連れの旅行者に向けた情報を発信する必要があります。一方、歴史的な価値がある観光地であれば、歴史や文化に興味を持つ人々を対象にすることが求められます。このように、「伝えたい相手」を明確にし、そのニーズや理解度に合った情報を提供することが必要です。

発信しなければ可能性はゼロ

情報発信を怠ることは、自らの存在を消してしまうことに等しいと言えます。逆に、**情報発信力を高めることで、自分自身や自分のビジネスの認知度を飛躍的に向上**させることができます。発信する情報の質を高め、効果的に拡散するための戦略を持つことが重要です。

さらに大切なことは、定期的に情報発信を続けることです。一度情報を発信して終わりではなく、継続的に発信し続けることで、フォロワーや読者との信頼関係を築くことができます。例えば、週に一度のブログ更新や、毎日のSNS投稿を習慣化することで、常に最新の情報を提供し、関係性を維持することができます。この継続のコツについては第7章で詳しく解説します。

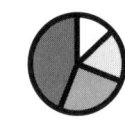

発信力を持つことで得られる四つのメリット

インターネットが普及した現代、情報発信力は大きな強みとなります。自分でビジネスを展開している場合、商品やサービスのプロモーションが容易になります。モノを売れるのであればストレートにお金を稼げますし、売るための方法を企業にアドバイスすることで、コンサルティング料金をいただくことも可能になります。直接的に収益化を行わなくても、自分の考えやキャラクターを世の中に広めたり、仲間を募集したりと、様々なシチュエーションで情報発信力は活用できます。

しかし、世の中でしっかりと情報発信できる人は本当に少ないです。あなたの周りでブログやｎｏｔｅを書いている、ＳＮＳやユーチューブで積極的に発信している人がどれだけいるでしょうか？　自分でも実践したくなるノウハウ、商品をつい欲しくなるような文章力、いいねやリポストしたくなる美しい写真を撮る技術力、ユーチューブで最後まで飽きさせずに視聴してもらう会話術、どれも立派なスキルです。日常生活で5分以上飽きさせずに、視聴者に一方的に話を聞かせることができますか?

インフルエンサーは、最初から人気があったわけではありません。毎日、コツコツと試行錯誤しながら誰かの役に立つ、あるいは笑いを届ける動画を投稿し続けたから、結果として人気者になったのです。**企業のホームページよりも閲覧者が多い個人ブログやSNS、ユーチューブチャンネルも珍しくありません。それは継続と試行錯誤を繰り返した結果の現れ**です。

ではここからは具体的に、発信力を持つことのメリットについて解説します。

▼メリット① 収益化の準備ができる

ブログ、SNS、ユーチューブなどのプラットフォームを活用して、自分の専門分野に関連する有益な情報を提供することで、フォロワーやファンを増やすことができます。私の場合、スマートフォンが登場し始めた時期に、端末の使用法やおすすめのアプリケーションの情報をブログで発信することで、多くの人に自分の知識や経験、失敗談を共有し、読者を増やすことができました。その結果、私のブログ経由で商品を販売した際に支払われる**紹介手数料収入**や、商品を記事紹介する際の**タイアップ料などの広告収入**を得ることができるようになりました。さらに情報発信力を磨くための**講座の開催や書籍の出版**など、様々な収益化の機会が生まれています。

収益化のためには、コンテンツの質が非常に重要です。高品質なコンテンツを継続的に提供することで、フォロワー・読者は増え、信頼性も向上します。また、フォロワーのニーズに応えるコンテンツを作成することで、あなたの情報を価値あるものと認識してもらうことも重要です。

▼メリット② ビジネスを始める前に見込み客やファンを構築できる

情報発信を行い、見込み客やファンを構築しておくことによって新しいビジネスを立ち上げる際のリスクを大幅に軽減し、成功の可能性を高めることができます。例えば、デザイナーが自分のデザインや作品をSNSで発信し続けることで、興味のある人々が集まります。この**フォロワーが将来の見込み客となり、実際に商品を発売した際に購入してくれる**可能性が高まります。

さらに、見込み客やファンを事前に構築することで、マーケティングコストを削減することができます。既存のファンに対して直接アプローチすることができるため、多額の広告費を使う必要がなくなります。さらに、ファンは自発的に口コミやレビューを通じてあなたの活動を広めてくれるため、自然な形でのプロモーション効果も期待できます。

▼メリット③　自身の専門知識や経験をアピールできる

自分の得意分野を発信することで、あなたの専門知識や経験、スキルを世界に広くアピールすることが可能です。これにより、自分の専門性を認識してもらい、**信頼される専門家としての地位を確立できる可能性が高まります**。

例えば、前節で例に挙げたプログラミングの知識を発信することもその一つです。具体的なコード例やプロジェクトを共有することで、読者や視聴者に対して実践的な価値を提供し、自分の知識の深さや実績を示すことができます。

情報発信を通じて自分の専門知識や経験をアピールすることで、仕事の機会やプロジェクトの依頼が増えることもあります。ポートフォリオをSNSで公開し、実績や成果物を共有することで、企業やクライアントからの注目を集めることもできます。これにより、新しい仕事やプロジェクトのチャンスが生まれ、キャリアの発展にも繋がるでしょう。

▼メリット④ 人的ネットワークの構築

情報発信を通じて、自分と共通の興味や価値観を持つ人々と繋がりやすくなり、ビジネスキャリアのみならずプライベートにおいても有意義な関係性を築くことができます。人的ネットワークの広がりは、様々なチャンスをもたらします。

異なるバックグラウンドや視点を持つ人々との交流を通じて、新しいアイデアやインスピレーションを得られ、自分自身の視野を広げることができます。このような多様なネットワークは、柔軟で創造的な思考を育む基礎にもなります。

このように、情報発信力に磨きをかけることで、多くのメリットを享受できます。良質なコンテンツを提供することで、人的ネットワークの拡大や収益化の可能性、そして信頼の構築が可能となります。情報発信力を身につけることは、ポートフォリオ型キャリアを構築するためにも大きなメリットになるので、積極的に取り組むことをおすすめします。

あなたの得意分野が誰かの悩みを解決する

いざ情報発信を始めようとしても、「自分には他人に自慢できるような特徴はない」と思い込んで、一歩踏み出せないでいる人も少なくありません。しかし、繰り返しになりますが、**自分が当たり前のようにできることや知っていることが、他人にとっては非常に貴重で役立つ情報であることは多い**のです。日常的に使っているエクセルの技術や、趣味で続けているキャンプのノウハウ、あるいは地元の観光スポットの詳しい知識など、自分では平凡に見える知識やスキルも、初心者やその分野に不慣れな人にとっては、基本的な情報でも重宝されます。

インターネット上でもそれは同様で、「こんなこと誰でも知っているはず」と思って発信をためらっているのであれば、その考えは捨てましょう。**発信されたコンテンツの価値を決めるのは、あなたではなく読み手**であり、自分自身で枠を狭めることは単なる機会損失です。

数年前の話ですが、私は映画会社のオウンド（自社）メディア運営に携わっている時期がありました。このメディアの中で、「特別出演と友情出演の違いとは。カメオ出演って知っていますか？」という記事を匿名で寄稿しています。映画業界では当たり前すぎて載せていなかった、「特別出演」と「友情出演」と「カメオ出演」の違いという情報をあえて載せたわけです。この記事はSNSで大きく拡散されて、この一記事で1日約1万もの読者の目に留まりました。

映画好きが見にくるメディアでありつつもこれだけの反響を呼ぶということは、いかに業界の常識と世間の常識がかけ離れているかがわかります。「特別出演」と「友情出演」と「カメオ出演」の違い、何となくわかっていたつもりでも、意外とみんな知らなかったのです。

業界内の常識を誰もが知っていると思って、まったく発信されていない情報は数多くあります。勝手に「みんな知っている」と思い込んで、勝手に恥ずかしがってお蔵入りしてしまうわけです。

情報には価値がある

では、どのような発信をしたら良いのでしょうか。一つの指針として、「**自分の得意分野で、誰かの悩みが解決できたらいいな**」と思って発信することが大切です。

人間は悩んだときに情報を検索します。それは検索エンジンやSNSなどから検索するかもしれませんし、スマートスピーカーやアップルのSiriに話しかけることかもしれません。とにかく人間は解決法が知りたいときにインターネットを使って調べるのです。

例えば、冷蔵庫にピーマン、タケノコ、豚肉が入っていたとします。その場合「ピーマン　タケノコ　豚肉　レシピ」という検索キーワードを入力すると、チンジャオロースのレシピが検索結果に表示されます。麻婆豆腐のレシピは表示されません。このように適正な答えを返してくるのが検索ツールの役割です。

もしあなたが料理好きで、「自宅の弱い火力でも、簡単に中華調理店のようなおいしいチンジャオロースが作れる方法」という情報を発信していたらどうなるでしょう？　もしかしたらあなたの発信を見に来てくれる人がいるかもしれません。人気の料理系インフルエンサーも、この積み重ねで現在のポジションを得ています。

旅行に行く場合、昔はガイドブックで調べることが多かったのですが、今では観光情報やグルメ情報をインターネットで調べる方が多いでしょう。観光地の見どころやグルメ情報を現地の人が書いていたら、遠方からやってくる人は喜びますよね。

「宮島　夜の食事」あるいは「厳島　夜の食事」で検索すると、以下のブログが上位表示されます。

素泊まりでも安心！
宮島で夜のディナーを楽しめるお店を紹介。
https://miyajima-villa.jp/press/?p=2921

広島県にある宮島（厳島）は世界遺産である厳島神社が有名な観光地ですが、日帰りの旅行者も多いため、夕方に閉店してしまう飲食店が多いそうです。その不便を解決するために書かれたのがこのブログ記事ですが、面白いことに、書き手は宮島でホテルを経営する社長です。

自分のホテルに宿泊してもらえば収益になるにもかかわらず、観光客（読者）のことを一番に考え、おすすめの飲食店を紹介しています。観光客にとっては非常に価値のある情報ですし、宮島が活性化すれば巡り巡って自分のホテルのお客様になってくれるかもしれないというスタイルで情報発信しています。**情報発信力は副業にとどまらず、本業の集客にも活用できる**のです。

▼自分の特徴に気づくためには

自分には何も特徴がないと思っている人は、まず自分の趣味や日常の活動、過去の経験を振り返ってみましょう。例えば、以下のような質問を自分に投げかけてみてください。

- 日常的に行っていることは何か？
- 他人からよく質問されることは何か？
- 過去に経験したことや乗り越えた課題は何か？

日常的に行っていることが他人にとっては難しいと感じることであったり、他人からよく質問されることが自分の得意分野であったりします。過去に乗り越えた困難や経験したことも、他人にとっては貴重な教訓となるかもしれません。自分の得意分野や好きなことを発信する際、「同じ悩みを抱えている人」を想像して発信することが有効ですが、どうしても特定の人が思い浮かばなかったら、**「できなかった過去の自分」を思い浮かべて発信する**のも良いでしょう。

例えば、観光地の写真を上手に撮れなかったけれども、機材を変えた、構図を工夫した、光に気をつけるようにしたなど、撮影時のチェックポイントを意識したことで上手に撮影できるようになったということを、「半年前の自分」に教えるイメージで発信していくことも大切です。

最初から上手に発信できる人はいません。まずは軽い気持ちで、少しずつ言語化してみましょう。

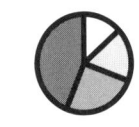

発信のテーマやコンセプトを明確にする四つのステップ

情報発信によって自分のスキルをアピールするためには、**発信するテーマやコンセプトを明確にする**ことが重要です。また、キャリアのポートフォリオを増やすためには、**多様な経験や活動を積極的に発信する**ことも効果的です。自分の得意分野、趣味、経験、あるいはこれからチャレンジしたい分野（例えば複業や情報発信、ＡＩ学習、プログラミングなど）を決め、その分野でどのような立場で発信するのか、誰に向けて発信するのかを考える必要があります。また、発信の目的やゴールを明確に設定することも、成功の鍵となります。

▼ステップ① 自分の得意分野や興味を見つける

まず、自分が発信するテーマを決める際には、**自分の得意分野や興味のあることをリストアップ**

しましょう。得意分野は、あなたが他の人よりも深く理解していることや、長期間続けてきたことを指します。趣味や興味のあることもテーマとして選びやすく、継続して発信しやすいです。例えば、長年、ひとりキャンプを趣味にしているなら、その経験を活かして初心者向けにキャンプの楽しみ方を発信するのも良いでしょう。

一方で、新しい分野にチャレンジしたい場合も、そのプロセスを発信することは非常に効果的です。AI学習やプログラミング、英会話など、これから学びたいことをテーマにすることで、自分の学習記録として活用するだけでなく、同じように学んでいる人々にとっても有益な情報源となります。

▼ステップ②　自分のポジションと想定読者を決める

テーマを決めたら、次に自分がどのようなポジションで情報を発信するかを考えます。ポジションは、あなたの知識や経験のレベルに応じて選びましょう。主に以下の三つの立場があります。

●**学習者**：まだ初心者であり、学びながら情報を発信するポジションです。自分の学習プロセスや失敗談、成功体験を共有することで、同じように学んでいる人々に共感を与えることが可能になります。

●**ちょっと詳しい先輩**：完全な初心者ではないが、熟練者でもない中級者向けのポジションです。基本的な知識やスキルを持っているが、さらに学び続けている段階であるため、初心者に対して実践的なアドバイスを提供できます。イメージとしては部活動やサークル活動の1年上の先輩で、親しみやすく、信頼される存在です。自分が直面した課題や克服した方法をシェアすることで、他の中級者や初心者にとって有益な情報源となり得ます。

●**熟練者**：その分野で深い知識や豊富な経験を持っている場合、このポジションを選びましょう。高度なテクニックや専門的な知識を発信することで、同じ分野の仲間や後輩にとって有益な情報となります。また、専門的な知識をわかりやすく解説し、他の専門家やプロフェッショナルと交流することで、さらなる信頼と影響力を築くことができます。

これらの**ポジションのいずれかを選び、自分の知識や経験に最も合った形で情報発信を行うことで、想定読者に対して効果的にメッセージを届ける**ことができます。重要なのは、自分の立場を明確にし、継続的に価値ある情報を提供し続けることです。これにより、読者との信頼関係を築き、結果として自分自身の独自性を高めることができるでしょう。

▼ステップ③ 発信の目的やゴールを設定する

発信のテーマ、ポジション、想定読者が決まったら、次に発信の目的やゴールを明確に設定します。**目的やゴールが明確であるほど、発信内容に一貫性が生まれ、読み手に伝わりやすく**なります。

まず、自分が何を達成したいのかを具体的に考えましょう。例えば、フォロワーを増やす、特定のスキルを習得する、ビジネスの認知度を高めるなどの目標を設定します。その上で、どのような影響を与えたいのかを明確にすることが重要です。初心者に役立つ情報を提供してスキルアップを支援したり、仲間と情報を共有してともに成長したりと、関心を持つ人々に対してどのような影響を与えたいかを具体的に考えます。

さらに、最終的に期待する成果をはっきりさせることも大切です。例えば、特定のプロジェクトを成功させる、新しい仕事の機会を得る、自分のブランドを確立するなど、期待する成果を具体的に洗い出します。これらの要素を組み合わせることで、情報発信の目的と方向性を明確にし、効果的な戦略を立てることができます。

▼ステップ④ 実践する

テーマやコンセプトが決まったら、実際に情報を発信し始めましょう。ブログ、ＳＮＳ、ユーチューブ、ボイシーなど、様々なプラットフォームがありますが、自分が最も得意とする形式で始めることが重要です。発信プラットフォームの違いについては次の節で詳しく解説します。

フィードバックとブラッシュアップ

フィードバックを積極的に受け入れ、自分の情報発信を改善していくことも重要です。読者や視聴者からのコメント、あるいは発信者仲間からの意見を参考にしながら、自分の発信内容をブラッシュアップしていきましょう。

情報発信力を高めることで、自分の得意分野や興味を広く伝えることができます。そして、それが他人にとって有益であるならば、社会全体にとってもプラスの影響を与えることができます。発信のテーマやコンセプトをしっかり考え、積極的に情報を発信していきましょう。

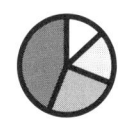

ブログ・SNS・ユーチューブの使い分け

情報発信の手段には様々な選択肢があり、それぞれに特有の利点と使い方があります。**自分の発信する内容や目的に応じて、適切なプラットフォームを選び、効果的に使い分ける**ことが重要です。ここでは、テキストメディア、SNS、動画・音声メディアの特性と使い分け方について具体的な事例を交えながら説明します。

▼テキストメディア（ブログ・note・ウェブサイト）

ブログやnote、ウェブサイトなどのテキストメディアは、**詳細な情報や深い考察を提供するのに最適なプラットフォーム**です。主に検索エンジンを通じて訪れる読者は、特定の悩みや疑問を解決したいと能動的に情報を求めてくるため、情報の質や量が信頼度に直結します。例えば、「ブログ運営のコツ」を検索する人は、具体的な方法やステップを知りたいと思っています。こうした読者に対して、ブログ記事は解決策を提示する場として非常に効果的です。

ブログ運営では、SEO（検索エンジン最適化）が重要な役割を果たします。検索キーワードを適切に使用し、読者が検索しやすいタイトルや記事内容を作成することで、検索結果の上位に表示されやすくなります。例えば、レンタルサーバーを提供しているエックスサーバーが運営する「初心者のためのブログ始め方講座」というブログには、「ブログ　始め方」「初心者　ブログ　運営」などのキーワードが適切に配置されています。このように、**読者が求めていることを想像し、解決策を含むコンテンツを構築する**ことが必要です。また、定期的な更新を心がけ、読者にとって常に新しい情報を提供することで、信頼性を高めることができます。

▼SNS

SNSは、**即時性と拡散力に優れた情報発信のプラットフォーム**です。短いメッセージやビジュアルを用いて、感情を刺激する投稿が効果的です。各SNSの特性について詳しく見ていきましょう。

X

X（旧ツイッター）はリアルタイムでの情報発信が可能で、短文で要点を伝えることが求められます。リポスト機能により情報が広がりやすく、ハッシュタグを活用することで特定のトピックに関連した投稿を見つけやすくなります。例えば、最新のニュースやトレンドに関する投稿は即座に拡散されやすく、幅広い読者に届く可能性があります。

閲覧数を増やすためには、まず1日数回の頻繁な投稿を心がけましょう。また、関連するキーワードを適切に使い、見つけてもらいやすくすることも重要です。他者の投稿のリポストや返信を行うことで、第三者と交流するのも効果的です。

インスタグラム

インスタグラムはビジュアル重視のプラットフォームで、画像や短尺動画が投稿の中心となります。ストーリーズ機能を活用すれば、24時間で消える投稿で日常をシェアすることもできます。美しい写真や動画で視覚的にアピールでき、コメントや「いいね」でフォロワーとの交流を深めることが可能です。ただし、長文の説明には不向きです。

高品質な画像や短尺動画を投稿し、ビジュアルの質にこだわりましょう。定期的なストーリーズ更新も、フォロワーとの日常的な接点を増やすために有効です。また、関連するハッシュタグを活用して、より多くの人に見てもらう工夫も必要です。

フェイスブック

フェイスブックは実名登録が基本のプラットフォームで、ビジネスからプライベートまで、個人的な情報を発信できます。そしてイベントや交流会で知り合った人と、緩い繋がりを継続することができるメリットもあります。昔は一度会ったきりでその後の繋がりはほとんど生まれなかったところが、フェイスブックの普及によって長期的な交流が可能になりました。また旧友と再会できる可能性もあります。こちらも定期的に投稿し、フォロワーとの接点を増やすことが重要です。

また、グループ機能を活用すれば、コミュニティ形成が容易です。関心のあるグループに参加し、積極的に交流しましょう。イベントを作成し、フォロワーとの交流を図ることも効果的です。

リンクトイン

リンクトインはビジネス向けのプラットフォームで、プロフェッショナルなネットワーキングに特化しています。職歴やスキルの公開が中心で、専門知識や得意分野をアピールすることでビジネスチャンスが広がります。実名での登録が基本で信頼性が高い反面、プライベートな内容の投稿には適していません。

専門知識や業界のトレンドに関する投稿を行い、同業者や関心のある分野の専門家と積極的に繋がりましょう。定期的な投稿を続けることで、自分の存在感を高めることができます。

▼ 動画・音声（ユーチューブ、ボイシー）

ユーチューブやボイシーなどの動画・音声プラットフォームは、視覚や聴覚を活用した情報発信が可能です。動画や音声コンテンツの強みは、視聴者が視覚的・聴覚的に情報を受け取るため、理解しやすく、記憶に残りやすい点です。例えば、ユーチューブで「ズボラ料理のレシピ」や「新しいiPhoneのレビュー」という動画を作成し、具体的なステップや注意点を解説することで、視聴者は視覚と聴覚を通じて情報を効果的に吸収できます。

また、ユーチューブのチャンネル登録やボイシーのフォロー機能を活用することで、自分のコンテンツの視聴回数を安定的に伸ばすことが可能になります。視聴者が興味を持ちやすいテーマを選び、定期的に新しい動画や音声コンテンツを提供することで、フォロワーを増やしていきましょう。

情報発信は一つの手段に固執するのではなく、ブログ、SNS、ユーチューブなど、各プラットフォームの特性を理解し、上手に使い分けることが重要です。自分の強みを最大限に活かし、それぞれのメディアで最も効果的な方法を見つけることで、情報発信の効果を最大化しましょう。どのプラットフォームでも、まずは一歩を踏み出し、試行錯誤を重ねていくことが成功への近道です。読者や視聴者との信頼関係を築きながら、情報発信の力を存分に感じてください。

フロー情報とストック情報を使い分ける

〜町医者とインフルエンサーの違い〜

情報発信においては、フロー情報とストック情報という二つのスタイルが存在します。それぞれには独自のメリットとデメリットがあり、発信者の目的や対象に応じて使い分けることが重要です。本節ではこれら二つの情報スタイルと、それに関連する発信者のタイプについて解説します。

フロー情報

フロー情報とは、流行やトレンド、新機種の発売情報など、タイミングが閲覧数に直結する情報を指します。これはSNSのタイムラインやニュースフィードのように、常に新しい情報が流れていく媒体で発信されることが多いです。フロー情報の特徴は一過性のものではありますが、即時性があり、短期間で多くのアクセスを集められる点が優れています。また、SNSでシェアされやすく、一気に拡散する可能性も高いです。

デメリットとしては、情報が古くなると読まれなくなるため、持続性に欠ける点が挙げられます。常に新しい情報を提供し続ける必要があるため、コンテンツ探しに手間がかかることも難点です。

ストック情報

一方、**ストック情報とは、マニュアルやガイドブックのように、何度も読み返される情報**を指します。これはブログの詳細な記事やユーチューブのハウツー動画など、時間が経っても価値が落ちないコンテンツが該当します。ストック情報のメリットは、長期間にわたって安定したアクセスを維持できる点です。また、発信者の専門知識や信頼性を高めることができるため、専門性の強化にも繋がります。しかし、即時性に欠けるため、タイムリーな話題には向かないというデメリットがあります。また、作成に時間と労力がかかることもデメリットの一つです。

▼発信者のタイプ～町医者とインフルエンサー～

次に、発信者のタイプとして、町医者とインフルエンサーという二つのタイプを紹介します。

町医者的な発信者

町医者的な発信者は、**読者にとって信頼できる情報源**として機能します。このタイプは問題が起きたときに頼りにされる存在で、専門知識に基づいた詳細なガイドや解説記事を提供し、長期間にわたり読者に価値を提供します。かゆいところに手が届くコンテンツと言い換えても良いでしょう。

町医者的な発信者のメリットとして、信頼性があります。読者にとって信頼できる存在になり、特定の分野での専門家として認識されることで、長期間にわたって安定したアクセスが期待できます。しかし、即時性に欠けるため、タイムリーな話題に反応しにくいというデメリットがあります。

インフルエンサー的な発信者

一方、インフルエンサー的な発信者は、**自分の生活スタイルや考え方に羨望を抱かせる存在**です。このタイプはフロー情報を中心に発信し、トレンドや流行に敏感に反応します。さらにSNSでのフォロワーとの交流や、タイムリーな情報発信を通じて、一気に大きな影響力を持つ可能性を秘めています。結果として多くのフォロワーを得ることにも繋がるでしょう。また、SNSでの拡散力が高いため、バズを引き起こしやすい点もメリットです。しかし、情報が古くなる、あるいは流行が変化すると影響力が低下するため、持続性に欠けるというデメリットがあります。

情報発信においては、フロー情報とストック情報の両方を意識して、バランスをとりながら活用することが重要です。町医者的な発信者は、信頼性と持続性を重視し、ストック情報を中心に発信することで専門家としての地位を築くことができます。一方、インフルエンサー的な発信者は、即時性と影響力を重視し、フロー情報を中心に発信することで一気に注目を集めることができます。

どちらのスタイルが適しているかは、発信者自身の目的や関心を持つ人々によって異なります。両者のメリットとデメリットを理解し、状況に応じて使い分けましょう。

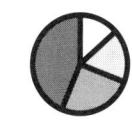

発信者としてのモラル
～信頼される発信者になるには～

情報発信者として自分のポジションを確立するためには、読み手との信頼関係を築くことが不可欠です。信頼は一朝一夕に築けるものではなく、長期的に誠実な姿勢と正確な情報提供を続けることで得られるものです。本節では、信頼される発信者になるために必要な要素について解説します。

▼炎上はキャリア構築には必要ない

炎上は短期間で注目を集める手段の一つですが、その代償は非常に大きいです。炎上を経験すると、一時的にアクセスが増えるかもしれませんが、長期的には信頼性が失われ、フォロワーが離れていくことが多いです。今後もずっと単なる迷惑系と思われてしまうことに、どのようなメリットがあるでしょうか？

「読んでくれる人のために」という気持ちで情報を発信すれば、炎上することはまずありません。読み手の疑問や悩みを解決する内容を心がけましょう。炎上に頼ることなく、有益な情報を提供し続けることが、長期的な成功の鍵です。

炎上の原理

炎上は、次の三つのポイントを押さえておけば比較的簡単に引き起こすことができます。

❶大多数へ向けての問題提起を行うこと
❷主張は強く（過激に）、論証は乏しいこと
❸自らが体現できていない

一つ目のポイントは、会社員が大多数のこの日本で「サラリーマンは将来真っ暗闇だから、早く辞めて自分で仕事を創り出せ！」を声高に叫ぶことです。

現在の日本は会社員が大多数です。そのような環境の中で、自分の仕事（立場）を真っ向から否

定されたら腹立たしいですよね。でも、まだそれだけなら良いのです。単なる一個人の主張ですから。火種に油を注ぐためには、残りの二つの要素も加えなければいけません。

二つ目のポイントは、「主張と論証のバランスが取れていない」という点です。

主張が強ければ強いほど、それを補完するだけの論証を提示しなければいけません。例えば、過去3年分のデータを収集して、給与の変遷をグラフ化してみる。脱サラしてうまくいっている人、うまくいっていない人のインタビューを載せてみる。こうした証拠の根拠が弱ければ弱いほど、読み手側は「それ、あなただけの感想ですよね？」という意識になり、火種が大きくなります。

三つ目のポイントですが、簡単に言うと「お前が言うな」という感情です。

実績を残している人、成果を残している人、高いポジションに就いている人が言うと不思議なことに第三者は納得するのです。ただ会社勤めもしたことない人、あるいは短期間で退職している人が言うと反感を買います。だから会社員経験が少ない若年層が会社員をバカにすると、大きく燃え上がる傾向にあります。

同じことを伝えるにしても言葉を選ぶだけで印象は大きく変わります。

例えば「会社員として15年間勤めてきましたが、最近退職して、フリーランスとして自由な働き方を模索するようになりました。会社員時代の安定性に比べると月々の収入は変動しますが、自分のペースで得意な仕事に取り組める現状のワークスタイルの方が自分には合っています。『働く』ということは、会社員として勤務することだけが答えではないということを、このブログで伝えていきたいです。」としたら炎上するでしょうか？

「自分は両方の働き方を経験し、結果としてフリーランスを選びました。あなたもどうですか？」というメッセージは提案です。強要ではありません。このぐらいのニュアンスであれば同調してくれる人は多いでしょう。

「会社員はクソ、フリーランス最高」という極端な発言をすれば、確かに目立って良くも悪くも拡散されることでしょう。でもそれはあなたが本当に伝えたいことでしょうか？　使う言葉を選ぶことで、丁寧に真意を伝えることが大事です。

商品やサービスの比較も一緒です。ライバルを貶めた時点で人間性が出てしまいます。営業をやったことある人は経験していると思いますが、「B社さんの商品も良いですが、うちは○○にこだわりがあって、ここはB社さんにはないサービスなんですよね」と、相手を讃えつつも、自社の良さを伝えることで、嫌味なく独自性を伝えることができます。

このような伝え方を意識しながら情報発信をしていけば、信頼のおける仲間ができると思いますし、少なくとも炎上することはありません。

ルールを守った運営をする

プラットフォームや広告主の提示するルールを守ることは基本中の基本です。サービス提供各社にはそれぞれ利用規約や禁止事項があり、これを守らないとアカウント停止などのリスクがあります。規約や禁止事項を理解し、遵守することで、安心して情報発信を続けることができます。

著作権を守る

インターネット上に掲載されている文章や写真はフリー素材ではありません。他人が運営するブログやウェブサイトの文章や画像、音声を無断で使用することは著作権の侵害になります。実際に、「ネットから勝手に持ってきて使っても問題ないだろう」という認識のままに利用している人も多く、それによりトラブルに繋がっていることも散見されます。記事は自分の言葉で書き、画像は自分が撮影した写真や写真素材サイトの画像を活用しましょう。

著作権を守るためには、引用のルールを理解し、正しく活用することも重要です。引用とは、他人の著作物の一部を、自分の作品の中で適切に取り入れることを指します。引用の基本的なルールとしては、引用部分の主従関係を守ることが挙げられます。自分の作品が主であり、引用部分はそれに従う形でなければなりません。さらに、引用部分を明確に区別するため、引用符や異なるフォントを使用することが求められます。出典を明示し、著作者や発行年などの情報を記載することで、読者が元の著作物を確認できるようにすることも重要です。ページの関係上、著作権について詳しく解説はできませんが、一度しっかりと調べて、理解度を高めておきましょう。

ステルスマーケティングに加担しない

ステルスマーケティング（ステマ）は、ユーザーを欺く手法であり、発信者として避けるべき行為です。ステマは、一見中立的な立場から商品やサービスを推奨するように見せかけることで、消費者に誤解を与えるものです。このような行為は、発覚した際に発信者の信頼を大きく損ないます。

ステマに加担しないためには、スポンサーとの関係性を明確に示すことが重要です。例えば、特定の商品を推奨する際に、企業からの報酬を受け取っている場合は、その事実を公表する必要があります。透明性を持って情報を提供することで、読者や視聴者に対する信頼を維持することができます。また、ステマを打診された場合には、その依頼を断る勇気も必要です。誠実な姿勢を貫くことで、長期的な信頼関係を築くことができるでしょう。

情報発信において、発信者としてのモラルを守ることは非常に重要です。誹謗中傷や攻撃的な投稿を避け、透明性を持って正確な情報を提供することで、信頼できる発信者であることに努めましょう。また、建設的な意見を発信し、一貫性を持つことで、読者や視聴者との長期的な信頼関係を築くことも心がけてください。フィードバックを受け入れ、常に改善を続ける姿勢も重要です。信頼できる発信者として成長し、影響力を高めながらも信頼性を維持することが、長期的な成功に繋がります。

コラム

自分の人生に
より自覚的になれる
きっかけを
与えてくれる、
それが発信の魅力。

亀山ルカ（かめやま・るか）

SNSやブログでの発信・韓国雑貨ショップ運営・書籍執筆を主な仕事としながら、語学とデザインの勉強を続けるフリーランス。立教大学卒業後、一般企業へ就職したものの組織で働くことになじめず、2016年からフリーランスで働くように。

生き方や働き方で悩み、生きづらさを感じていた自身の経験をもとにライフスタイルについて発信を続けている。

著書に『アフィリエイトで夢を叶えた元OLブロガーが教える　本気で稼げるアフィリエイトブログ』『毎日がうまくいく！働く女子のわたしらしく「書く」習慣』がある。

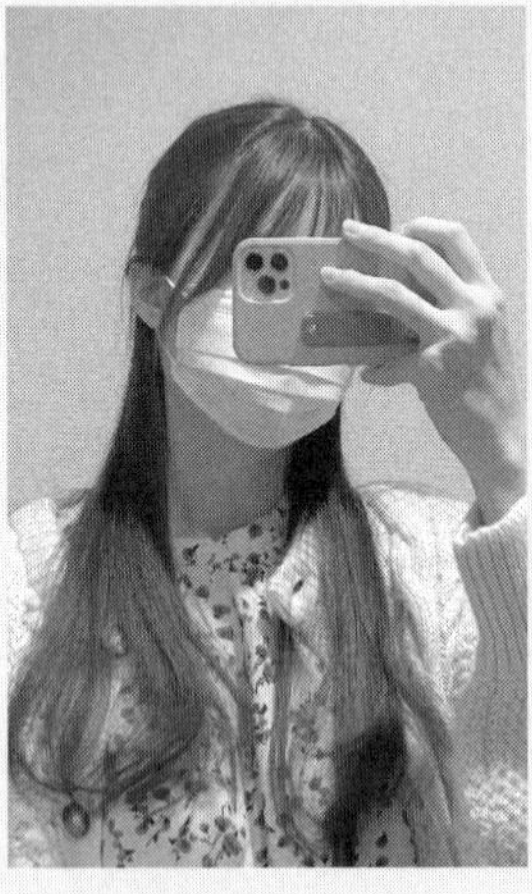

Instagram：@rur_oom
YouTube：Ruka Kameyama
ブログ：https://ruka-ch.jp/

――これまでの経歴を教えてください。

亀山氏：大学を卒業後にメーカーに入社して総務部で人事を担当していましたが、早々に退職しブログでの発信を始め、のちに独立しました。現在は主にSNSでの発信やショップ運営、書籍執筆などを仕事にしながら、フリーランスとして活動しています。

もともと将来独立して何か仕事をしたいと考えたことはまったくなく、当時「フリーランス」や「独立」といった言葉も頭にありませんでした。学生時代から、特に迷うことなく、会社に勤めてがんばって働いていこうという気持ちでいたんです。しかし、実際に社会に出て働いてみたときに、組織の中で働くことに苦手意識を感じてしまい、その違和感がどうしても拭えず、様々な働き方や仕事に挑戦する中で、独立して一人で働く方が向いていることに気がつき、今に至ります。

独立する前も後も、いろいろなことにチャレンジして、「自分に合うものは何か?」を確認するような作業をしていました。働き方も、フリーランスになってからすぐに安定したわけではなく、「本当にこの働き方を続けていけるのか?」と迷ったり苦労したりすることもあって、ここ数年でようやく自分なりの働き方と仕事内容が定まってきたように思います。

――会社員時代から発信を始めたのですか?

亀山氏：はい。新卒で勤めた会社を辞めて2カ月くらい経ったタイミングでブログでの発信を始めましたが、その後はいくつかの会社で働きながら発信をしていました。

始めてすぐは自宅にこもりきりで記事を書いていました。ですが、すぐに収入に繋がらないことは覚悟していたので、学生時代に好きだった塾講師のアルバイトを再開したり、ウェブ制作会社に勤めていたこともありました。いろいろなことをしながら、会社での仕事以外の時間で記事執筆を進めていたのを覚えています。

――副業で何か始めるとき、最もネックになるのは時間と体力の捻出だと思います。

亀山氏：私も当時、仕事が終わってへとへとで、それでもブログを仕事として成り立たせてみたいという思いから、なんとか時間を作って記事を書いていました。短い時間で多くの文字を打てるように、タイピング練習も欠かさずに取り組みました。

会社での仕事がいっぱいいっぱいで時間も体力もない、でも副業もしてみたい、自分に合う働き方や仕事を模索したいというとき、すごく苦労すると思いますが、やっぱりどうにかそこを工夫して乗り切る必要があります。

平日の朝30分だけ勉強する、投稿作りをする、平日が難しいなら週末の時間を使うなど、人それぞれのライフスタイルがあると思うので、その中で**副業に関する作業をルーティン化するのがおすすめ**です。

あとは、焦ってしまうと良いコンテンツが作れなかったり、どこか地に足のつかない感じになってしまうと思ったので、そこに気をつけて副業として発信を続けていました。

――副業（ブログ）で収入を得られたきっかけと、かかった期間について教えてください。

亀山氏：ブログを始めたとき、美容や健康を主なテーマとしていました。健康に痩せるためのノウハウ記事をいくつか書いていて、その中で**エステのバナー広告を貼ったことが収入を得られた一番初めのきっかけ**です。

「ダイエットに興味がある人がこのページを見たら、同じジャンルの広告も気になるのでは？」と思い、何気なく貼ったバナー広告でしたが運良く申し込みが入り、アフィリエイトの成果報酬が発生しました。

それからも報酬が発生することはありましたが、生活を賄えるほどの収入には至らず、先ほどもお伝えしたような働き方を続けていました。そうして、どのようなジャンルでどれくらいの報酬が得られるのか、どんな記事を書いたら良いのかなどを日々勉強しながら続けていった結果、**ブログを始めてから約1年半後に個人事業主届を提出してフリーランス**となり、同時に収入が安定してきたため一人暮らしも始めました。

――ブログからインスタグラムへプラットフォームを変えた理由は何でしょうか？

亀山氏：この先も発信を続けていきたいと思ったとき、画像や動画を取り入れることは避けられないと考えたからです。また、ブログの文章だけでは伝えたいことが伝えきれない、特に**「世界観」**を伝えることが難しいと思いました。そのため、インスタグラムをはじめとしたSNSでの発信に力を入れ始めました。

多くのコンテンツが溢れるこの時代に、**ぱっと見て「あの人のコンテンツだ」と気づいてもらえるような、世界観を大切にした発信をしていきたい**と思いました。

また、ブログのみで発信している場合、アクセスを集めたいと思ったらやはりグーグル検索に重点が置かれます。しかし、身近な友人の話を聞いたり情報収集する中で、グーグルで検索する人が減ってきていると知りました。実際、私もカフェを調べるときはインスタグラムで、リアルな口コミを知りたいときはXで、といったように情報収集の場が多角化しています。

画像や動画は**視覚的な情報を伝えつつ、世界観も構築しやすく、またグーグル検索の流入に頼らない状況を作**

れると考え、インスタグラムでの発信に乗り出しました。

はじめは画像や動画は撮影、加工、編集など、ブログ運営のときにはあまり取り組まなかった作業が多く、戸惑いながらのスタートでしたが、徐々に撮影や編集のスキルが身につき、それがショップ運営にも活かせたりPRのお仕事にも繋がるようになりました。

現在では、インスタグラムを軸にして同じコンテンツをティックトックやLemon8、LINE VOOMといったプラットフォームにも投稿することで、より多くの導線を増やすことができています。

――情報発信によって普段の生活は変化しましたか？

亀山氏：情報発信を行う前と後では、**生活も考え方も生き方もすべてが変わりました。**

一つ目は、日常と仕事の境界線が曖昧になり、**本来仕事と関わりがあると思っていなかった日常生活で興味のある分野が、仕事と結びついた**ことです。

私はSNS全体やブログを通して、「仕事も趣味も楽しむ社会人の暮らし」として自分のライフスタイルや考え方を発信しています。その中で、フリーランスの働き方の良い面や辛い面をリアリティを持って伝えたり、語学やデザインの勉強といった趣味の部分について投稿するようになりました。

そうして発信するうち、働き方や仕事に関する商品・サービスの紹介依頼をいただいたり、大好きな韓国雑貨のショップを始めたり、趣味の延長線上に仕事が位置するようになったのが不思議であり、とても楽しいです。

もちろん、大変なこともあります。日常と仕事の境目が曖昧ということは、それだけオフの時間を意識的に作らないと四六時中仕事のことを考えていることになり、頭が休まりません。私は休むのがあまり上手な方ではなかったので、フリーランスになってから「休み方」については長い間悩んできました。今はその悩みもほぼ解消しつつあり、プライベートと仕事がバランスの良い割合になってきたと感じています。

二つ目は、**発信を通して自分が誰かの役に立っていると実感できたり、同じ興味を持つ人と楽しくコミュニケーションを取れるようになった**ことです。

私は昔から生きづらさや働きづらさを感じることが多かったので、考えることや試行錯誤したことがたくさんありました。それをブログやSNSを通して伝えることで、初めて画面越しに「ありがとう」という言葉をもらった時は、なんと言っていいのかわからないほど嬉しかったです。

いまだにコメントやDMであたたかいメッセージをいただくと、大げさではなく涙が出ることもあります。フォロワーさんとのやり取りの中で、お互いに好きなことが同じ方と楽しくお話することもあります。例えば好きな韓国ドラマを教え合ったり、フォロワーさんから新しいことを教えてもらったり。そうした何気ないやりとりが私にとってはすごく大切で、発信の一番のモチベーションとなって楽しく続けられています。

三つ目は、**自分の人生のコンセプトが見つかった**ことです。

最初から伝えたいことがはっきりしていたり、自分なりの発信のやり方が確立されている方は、なかなかいないのではないかと思います。

「自分が本当に心の底から発信していきたいことってなんだろう？　せっかく始めるなら、できるだけ長く楽しく向き合っていけるものがいいな」と思って、いろいろとやり方を変えながら取り組んできました。

そうして続けた結果、「**私と同じような生きづらさや働きづらさを抱えている人の助けになりたい**」というのが、私の働く根源であり、人生を通して伝えたいことだと気づけたのです。これは発信なくしては絶対に気づけなかったもので、発信を通して自分と向き合う中で見つけたコンセプトです。

他にも「大好きな韓国の文化について理解を深めて良さを伝えていきたい」「もっと良い語学の学び方を見つけて日本の語学教育を変えてみたい」などとやりたいことや思うこと、その都度いくつものコンセプトが見つかりました。これから変化したりしていくかもしれませんが、発信を通して自分と向き合い、人生そのものを見つめ直すきっかけになったことが、発信を始めてからの一番の生活の変化です。

――これから副業や発信を始めたいと考えている人に向けて、メッセージをお願いします。

亀山氏：私は副業として発信を始めてから、自分自身をよりリアルに感じられるようになりました。自分に何ができて、何ができなくて、何が好きで何が苦手か。自分の持っているものやスキルを活かして仕事をしていくには、とことん自分と向き合わなければいけません。

副業はシンプルに言えば、本業とは別に仕事を持って収入を得ることではありますが、**実際にはそれ以上の意味があり、自分の人生により自覚的になるきっかけに**なります。

会社に所属していればそこでの役割があり、その役割を果たすことが目的となります。しかし、副業で何かを一から始めるとなれば、その分野も仕事内容もすべてが自由です。自由には責任が伴いますし、考えることも無限にあり本当に大変ですが、もし「やってみたい」と思ったならぜひ挑戦してみてください。

私は個人的には発信が好きなので発信をおすすめしますが、発信が合わないなと思ったら、副業にはいくらでも選択肢があります。発信は副業の中のほんの一部なので、ぜひいろいろなことを試してください。そうする中で、自分にとってしっくりくる、納得のいく働き方が見つかる方が増えれば嬉しいです。

第5章

複業力

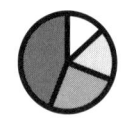

これから求められる人材の型と、能力の伸ばし方

常に変化し続ける現代のビジネス環境に対応するためには、多様なスキルと柔軟な適応力を備えることが求められます。本章では「複業力」をテーマに、これからの時代に求められる人材の型についてまず解説し、どのようにその能力を伸ばしていくかを具体的に紹介していきます。

I型人材と一型人材

I型人材は、いわゆる**特定の分野に詳しい専門家やスペシャリスト**を指します。旧来のビジネスシーンでは、一つの分野に特化した人材を育てることによって技術の進歩を図ったり、効率性を高めたりする傾向がありました。

説明の流れ上、一型人材についても触れますが（あまり一般的に使われない言葉ですが）、要は**知識や経験の幅が広いゼネラリスト型の人材**を意味します。何でもできると言えば聞こえはいいですが、表面的な知識だけだと役に立たないので注意が必要です。

T型人材

一つの強力な得意分野を持ちつつ、周辺の知識や経験も押さえているという意図が「T」という形状に込められています。

T型人材の構成は縦軸（専門的な深い知識）と、横軸（幅広い知識やスキル）が組み合わさった形になっています。**まずはT型社員を目指し、そこから二つ目の深い軸をつくり「Π（パイ）」型にしていくのですが、これは自己成長の手順として非常に参考になる考え方**です。

縦軸から始めるのか、横軸から始めるのかという議論もありますが、私はどちらでもいいと思っています。一つの分野を極めてから周辺の知識を得てもいいですし、幅広く知識を得てから自分に最適な分野を深掘りしても構いません。人間には向き不向きがあるので、自分がどちらのタイプなのか認識した上でスタート地点を決めましょう。とにかく深さと広さを意識して行動することが重要です。

Π型人材

Π《パイ》型は、**Tにもう一本、スペシャルな分野を増やした人材**という意味です。

単純な事例を挙げると、20年も前の時代なら英語が堪能であればそれだけで重宝されましたが、現在ではさらにIT知識や金融工学知識が求められるといったことです。グローバル化によって、一つの強みだけでは生き残っていけない時代になってきたわけです。

H型人材

一つの強力な得意分野を持つ人材でありつつ、他の人材との橋渡し役もできるタイプです。異なる専門領域を得意とする人材とのコラボレーションを可能にすることから、「I」を横軸で繋ぐという意図で「H」で表現さ

図表5-1 人材のタイプ

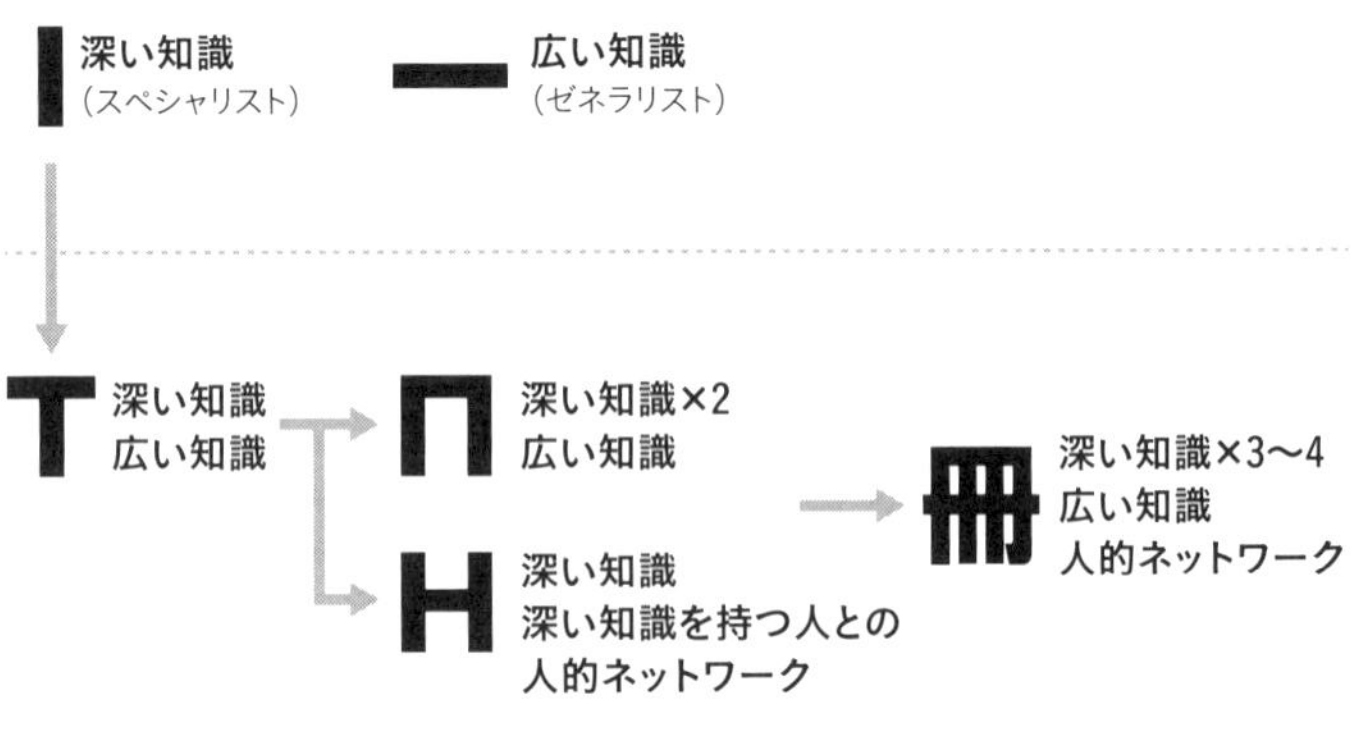

れています。

また、新たな商品やサービスを生み出す可能性が高いため、イノベーション人材と呼ばれることもあります。

冊型人材

追加でもう一つ解説します。おそらくこのような言葉はないので、あくまでも形状のイメージとして読んでください。この「冊型」とは3本〜4本の強みを身につけ、なおかつ人的ネットワークも構築する贅沢な型を意図しています。スペシャルな分野が3〜4個あればどんな環境になっても変化に対応できる体質になっているはずです。

このように**型を意識しながら独自性を際立たせることで、就職活動でもフリーランスとしても差別化が図れます**。自分の得意分野を組み合わせることで独自のポートフォリオを構築することができ、他にない独自のポジションを得ることが可能になります。そして、自分のスキルや経験を最大限に活かし、情報発信や価値創造を行うことで、さらに独自性を高めることができます。

自分の要塞を大きくする

ポートフォリオを強化するためには、第1章で触れた自分の「要塞」を大きくし続けることが重要です。要塞の構成は、自分のスキル、経験、人的ネットワークなども含みます。これらをしっかりと築き、守り、成長させることで、複業を持続的に成功させることができます。

要塞の構成要素を伸ばすために有効な考え方が**図表5-2**の三つのゾーンです。

三つの同心円の一番内側の円が「コンフォートゾーン」、中間の円が「ラーニングゾーン（ストレッチゾーン）」、一番外側の円が「パニックゾーン」と呼ばれています。「コンフォートゾーン＝簡単

図表5-2 能力を伸ばす三つのゾーン

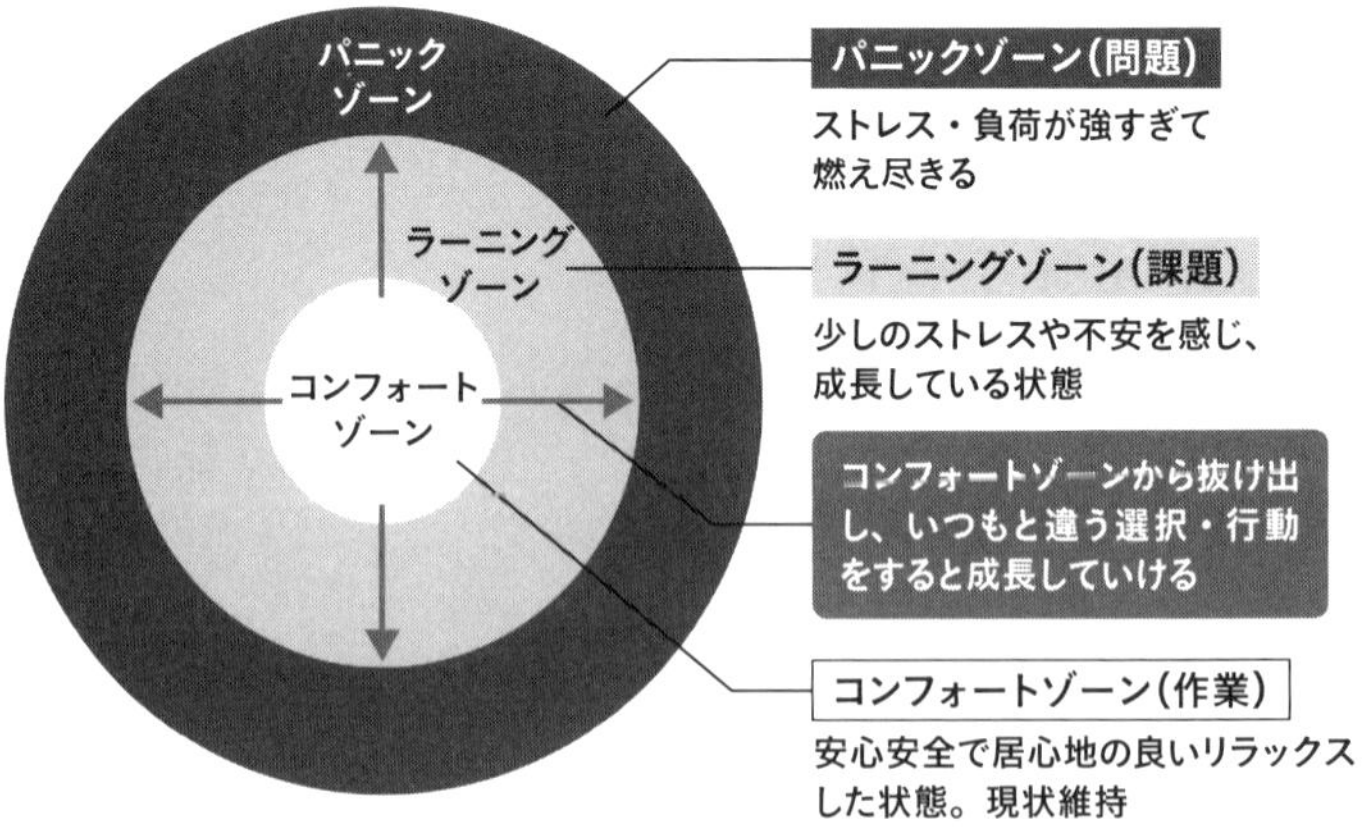
パニックゾーン
ラーニングゾーン
コンフォートゾーン
パニックゾーン（問題）
ストレス・負荷が強すぎて燃え尽きる
ラーニングゾーン（課題）
少しのストレスや不安を感じ、成長している状態
コンフォートゾーンから抜け出し、いつもと違う選択・行動をすると成長していける
コンフォートゾーン（作業）
安心安全で居心地の良いリラックスした状態。現状維持

にできる（作業）」「ラーニングゾーン＝難しい（課題）」「パニックゾーン＝できない（問題）」となります。

楽な作業を繰り返しても能力は向上しません。背伸びしないと解けないような課題に取り組むことで、自分の能力を向上させられます。また、できないことはいくら考えてもできません。**効率的に能力を伸ばしていくためには、いかに「難しい」の範囲を増やして解決していけるかに**かかっています。解けない問題を理解できるパーツにまで分解し、課題化することで「できない」から「難しい」の位置に動かすことも可能です。

▼ 現状維持は衰退の始まり

なぜコンフォートゾーンに居続けてはいけないのでしょうか。

理由は簡単で、人間（動物）は時代に合わせて進化しており、時代に適合しないと生きていけないからです。**現状に満足してコンフォートゾーン（安心領域）に居続けると、思考が固定化して、新たな気づきを得るチャンスを失ってしまいます。**

例えば、プロ野球選手や陸上競技選手などのスポーツ選手。間違いなく過去より現在の方がスペックは高いです。飛距離やスピード、テクニック、選手生命の長さなど、確実にレベルが上がっています。トレーニング理論やマシンの性能、栄養学など、様々な要素がバージョンアップしているからです。

テキストコンテンツやSNS、動画などの情報発信に関わる業界も一緒です。私の時代（過去）よりも、今の世代の人たちの方が結果が出るスピードは圧倒的に速くなっています。それはテクノロジーの進化、ノウハウ・ナレッジの充実化にもよります。そして若い人たちはデジタルネイティブ世代だということも挙げられます。感度が高い世代の人たちは新しいテクノロジーを使いこなしています。その時点で、私たち世代よりバージョンが上だという認識をする必要があります。先輩のプライドなんてまったく役に立たないのです。

いつまで居心地の良い場所所で、裸の王様を演じますか？

▼自分のコミュニティから一歩外に出て新参者になる

私はよく「**カテゴリを跨げ**」という話をします。

隣接するコミュニティに足を運ぶことで、新たな知識や経験を得ることができます。これが半歩、ラーニングゾーンに踏み出すという行動です。ラーニングゾーンは、自分が少し挑戦を感じる範囲です。このゾーンに身を置くことで、新しいスキルを学び、経験を積むことができます。**ラーニングゾーンに入ることは、成長と発展のために不可欠**です。

現代の社会環境は常に変化しており、同じことを続けるだけでは生き残れません。とはいえ、いきなり「大きくジャンプしろ」だなんて言いません。半歩でいいので、自分の輪の外に足を踏み出す気持ちと行動が大切です。「みんなが自分のことを知っている」状態から「誰も自分のことを知らない」という状態に変化させるのはストレスになることでしょう。自尊心が傷つく人もいるかも知れません。それでも別の世界に進まないと時代遅れの人になってしまいます。

一歩踏み出して、新しいコミュニティで自分のノウハウを提供したら、重宝がられたことはありませんか？　私の場合は「情報発信」がメインのスキルですが、息をするようにSNSで呟ける人なんて世の中では一握りです。**自分のノウハウを提供し続ければ、隣のコミュニティでも中心的役割に**なれます。さらに、外部のコミュニティで学んだことを、自分のコミュニティに活かすことで、新しい風を吹き込むこともできます。

二つのコミュニティを行ったり来たりするのも良し、三つ目のコミュニティに新たな知見を求めに行くのも良し。とにかく滞留しないことを意識することで、衰退を避けられます。

パニックゾーンを避ける

注意しなければならないのはパニックゾーンです。

パニックゾーンとは、自分の能力やスキルを超えた領域に踏み込んだときに感じる強い不安や恐怖のことです。このゾーンに入るとストレスが過剰になり、逆にパフォーマンスが低下してしまいます。長期間この状態が続くと、バーンアウト（燃え尽き症候群）に陥る危険性もあります。

パニックゾーンに陥らないためには、大きな目標や課題を細分化することが有効です。これを「チャンクダウン」と呼びます。**大きな目標を小さなステップに分解し、それぞれを少しずつ達成していくことで、パニックゾーンを避けつつラーニングゾーンに留まる**ことができます。

例えば、新しい分野の資格を取得したい場合、その全体像に圧倒されるのではなく、まずは関連する基礎知識の習得から始めると良いでしょう。次に、実務経験を積み、徐々に専門知識を深めていくことで、大きな目標に近づいていくといった具合です。

多様なスキルを持ち、柔軟に対応できる人材になることは大きな強みになります。新しい挑戦を恐れず、常に学び続ける姿勢を持ち続けましょう。

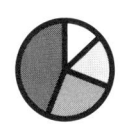

プラットフォームを活用してポートフォリオを増やす方法

多様な働き方が求められる現代において、**複業は単なる収入源の一つではなく、個々のキャリアを強化する重要な手段**となっています。従来の一本柱に頼る働き方から、複数のスキルや経験を積み重ねるポートフォリオ型キャリアへのシフトは、リスクを分散し、経済的な安定と成長をもたらします。本節では、案件獲得の手法について詳しく解説し、あなたのキャリアの幅を広げるための具体的な方法を紹介します。

▼キャリアのポートフォリオ化

キャリアのポートフォリオ化とは、**異なる業種や職種での経験やスキルを積み重ね、それを組み合わせて一つの強みとして打ち出す**ことです。

例えば私の場合、会社員時代は主に人事担当者として採用や教育、人事評価や労働組合の設立に関する業務に取り組んでいました。そして勤務していた会社の規模は少人数のスタートアップから、社歴も長い数百人規模の株式上場企業まで幅広く経験しています。

フリーランスになってからは、それこそ幅広い業務や、多岐にわたるクライアントとの仕事によって、経験を積んできました。

図表5-3で、自分の持つスキルやこれまでの経験、ポジションなどを整理してみました。

今回はあくまでも事例として関連するキーワードを五つのジャンルに分け、それぞれ10個程度記載していますが、みなさんはもっと

図表5-3 ポートフォリオの構成要素の洗い出し

スキル・経験領域	ポジション	企業規模	エリア	その他キーワード
ブログやSNSを通じた情報発信術・収益化術	会社員	中小企業	首都圏	集客・PR
ウェブマーケティング	フリーランス	大企業	北海道	地方創生
ウェブディレクター	起業	スタートアップ企業	九州	DX
広報アドバイザー	経営者	伝統企業	オンライン	生成AI
人材採用・教育研修	業務委託	地方自治体		オンラインサロン
動画編集	顧問	商工会議所・商工会		複業・副業
ユーチューブチャンネル運営	アドバイザー	観光協会		取材
商業出版	教員・講師	一般社団法人		セミナー・ワークショップ
講演活動		NPO法人		越境EC
コミュニティ運営				

細かく分類することをおすすめします。特に各スキルの実績・成果物もアウトプットしておくと良いでしょう。この表が大きくなればなるほど、様々な組み合わせで、キャリアのポートフォリオ化が可能になります。

スキルや得意分野の認識

自分の得意分野や専門性を客観的に認識し、それをプロフィールや志望動機に反映させることが重要です。私の場合、主に広報戦略やデジタルマーケティングの分野に強みを持っており、それを案件ごとにアピールポイントとして活用しています。**自分の得意分野と実績を明確に示す**ことで、クライアントに対して自分の専門性をアピールすることができます。

ポジションと求められる役割

案件における自分の役割やポジションを明確にし、どのようにチームに貢献できるかを示します。会社員の複業として限られた時間での取り組みなのか、フリーランスとして全力でサポートするのか、それともアドバイザーや講師的なポジションで適切な助言を行うのか。自分の状況に応じて、**最適な役割を見極め、プロジェクトに対する貢献の方法を具体的に説明する**ことが重要です。

また、**クライアントの企業規模や性質によって、求められる役割やアプローチが異なります**。例えば、中小企業では多様なスキルセットが求められる一方、大企業では特定の専門分野での深い知識が重視されます。スタートアップ企業では迅速な意思決定と柔軟な対応が求められ、地方自治体では地域の特性を理解し、職員や住民に密着した支援が重要です。

案件にマッチしたプロフィール作成

案件に応じて、適切なプロフィールを作成することが大切です。例えば、デザイナーとしてのスキルを求められる案件には、具体的なデザイン実績を詳細に記載することで、クライアントに信頼感を与えます。**プロフィールは、あなたのスキルや経験を簡潔かつ明確に示す名刺のようなもの**です。特に書類選考では人間性よりも実績が重視されますので、クライアントのニーズに合わせてアピールポイントを提示しましょう。

私の場合、伝統企業に応募する際には、東証一部上場企業に勤務していた会社員時代や、地方自治体のアドバイザー経験といった堅実な実績をアピールに使っています。地方自治体の案件に応募する際には、職員の手間を増やさずに結果を出した事例などの具体的な業務改善案を提示しています。また、スタートアップの案件に応募する際には、最新のデジタルマーケティング技術を中心に据えた提案を行っています。

このように、クライアントの規模や特性に応じて、役割を最適化し、具体的な貢献方法を明示することで、自分の存在感を高めることが可能になります。

案件やプラットフォームにマッチした志望動機作成

志望動機は、あなたがその案件に適している理由を明確に伝えることが重要です。過去の実績や、自分のスキルがどのように役立つかを具体的に示しましょう。私が地方自治体の広報アドバイザーに応募する際には、過去の広報戦略の成功例を挙げ、それが応募先の自治体にも応用できることを強調しました。さらにその地域に訪問したエピソードを織り交ぜることで親密度を上げることもできます。**志望動機は、あなたの熱意や意欲を伝える重要な要素ですので、具体的かつ情熱的に書く**ことが求められます。

▼書類選考はポートフォリオ、面談は相性

書類選考を通過するためには、案件にマッチしたポートフォリオが欠かせません。具体的には、

自身のスキルセットや過去の実績、関連するエピソードを詳細に記載することで、クライアントに対して自身の適性をアピールすることができます。**ポートフォリオは、自分がどのように案件に貢献できるかを具体的に示す重要なツール**です。

一方、書類選考を通過した後の面談では、担当者との相性が非常に重要です。面談に臨む際には、クライアントの雰囲気や文化に合わせて、自分の態度や話し方を調整する必要があります。重厚な雰囲気で真剣に臨むべき場合もあれば、気さくでフレンドリーな態度が評価される場合もあります。面談はお互いのフィット感を確認する場ですので、リラックスして楽しみながら話すことを心がけましょう。

相性が合えば採用される可能性が高くなり、もし違和感があれば、それは単にその案件が自分に合わなかっただけです。失敗を気にせず、積極的に応募を続けることが大切です。多くの応募を通じて、自分にぴったりの案件に出会える機会を増やしましょう。

▼ 複業マッチングサービスの紹介

多様なスキルを活かし、新たな挑戦を通じて成長するためには、**複業プラットフォーム**の利用が有効です。ここでは、複業クラウド、複業先生、lotsful（ロッツフル）という、実際に私が案件を取得させていただいている三つのプラットフォームを紹介し、それぞれの特徴と利点、攻略法を解説します。

複業クラウド
https://talent.aw-anotherworks.com/

株式会社Another worksが運営する、複業したい個人と企業や自治体を繋ぐ、総合型複業マッチングプラットフォームです（本章末のコラムでも紹介）。募集している企業・団体は地方自治体からスポーツチーム、一般企業まで幅広い業種で、エンジニアやデザイナーなどの技術職だけではなく、営業やマーケティングなどのビジネス職の方など、様々な職種で利用可能なサービスです。副業・複業としてのマッチングだけではなく、転職前提の募集も多い点が特徴的です。

ちなみに、私の地方自治体のアドバイザー契約（長崎県壱岐市、宮崎県宮崎市、北海道滝上町、熊本県熊本市）も複業クラウドがきっかけです。地方自治体のアドバイザー契約は主にプロボノ活動（社会的・公共的な目的のために、職業上のスキルや経験、知識を活かして取り組む無償の社会貢献活動）になるのですが、一部報酬が発生する案件もあります。また継続契約で有償になっているパターンもあるそうです。**無**

償といえども、行政機関の案件は自分の社会的信頼度を上げるために非常に有効ですので、積極的に応募することをおすすめします。

複業先生

https://fukugyo-sensei.net/

株式会社LX DESIGNが運営する、複業（副業）で先生をしたい人と、学校を繋ぐ教育特化型の複業案件プラットフォームです。直近ではベネッセと資本提携したニュースも、業界で話題になっていました。仕事内容としては主に小中高校生向けに、自分のキャリアに沿った内容の授業を行うことが多いです。授業料＋現地までの交通費も支払われますが、それほど大きい金額ではないので、報酬というよりも自分の経験やノウハウを若年層に伝えたいという意欲を持っている人にマッチするサービスです。また、**教育機関の実績をキャリアに組み込みたい方にはおすすめのサービス**です。

ちなみに私は千葉県の私立高校で、経済やキャリアのテーマで登壇させていただきましたが、全国の学校をオンラインで繋いで授業する形式も積極的に取り入れているようです。

lotsful
https://lotsful.jp/

第1章のコラムで紹介した、パーソルイノベーション株式会社が運営する副業プラットフォームです。キャリアアップしたい個人を、lotsfulのコーディネーターがサポートし、スタートアップから大手企業、地方自治体などと繋ぐ副業マッチングサービスです。

パーソルグループが運営しているだけあって、様々な業種や職種から副業先を探すことができ、なおかつほとんどの案件がリモート勤務可能です。特に**日本郵政グループの副業案件も独占、かつ継続的に取り扱っており、数多くの伝統的企業（団体）の業務を請け負うチャンスも**あります。なお、私もチャレンジのつもりで、ゆうちょ銀行の「業務効率化のための動画作成」案件に応募したのですが、ご縁あって業務を担当することになりました。

▼運営者と仲良くなる

イベントや勉強会に積極的に参加し、**運営者との関係性を築く**ことは信頼関係を育てるためにも重要です。私も複業クラウドやDIGIFULベース（第6章のコラムで紹介）のイベントに積極的に参加し、運営者との関係を深めています。運営側に貢献できることを探して、例えば新規会員の紹介や、自分のSNSでプラットフォームの情報拡散をするなど、相手が喜びそうなことは何かを考え、行動に移すことで信頼関係を強化することができます。

さらに、案件獲得後も積極的にコミュニケーションを取り続けることで、継続的な協力関係を育み、次の案件に繋げることが可能です。私の場合、案件終了後も定期的にクライアントに進捗報告やフィードバックを提供することを心がけ、次のプロジェクトへの橋渡しを積極的に行っています。

▼広く網を張り、実績ができたら一点集中

複業を始める際、まずは複数のプラットフォームで幅広く案件を探し、応募することが重要です。運良く一つでも案件が取れた場合、そのプラットフォーム内での実績となります。この実績はクライアントにとって非常に重要であり、評価の対象となります。そのため、**一つ実績を作ることができたら、実績をポートフォリオに加え、そのプラットフォーム内でさらなる案件を獲得することに注力**しましょう。その後、強化したポートフォリオを活用して、他のプラットフォームにも足

を伸ばしていきましょう。

今は数多くの複業プラットフォームが切磋琢磨している状態で、今回紹介した三つのプラットフォーム以外にも多様なサービスが展開されています。自分に最もマッチするプラットフォームを見つけることも成果に繋げるポイントです。多くのサービスを試し、自分に最適なプラットフォームを見つけて、キャリアの幅を広げていきましょう。

実例

なお、以下に実際に使っている私のプロフィール、応募用の志望動機を記載しておきますので、参考にしてみてください。

自己PR事例

- 宮崎県宮崎市広報アドバイザー
- 長崎県壱岐市広報戦略アドバイザー
- 北海道滝上町ブランディングアドバイザー

●熊本県熊本市ホームページ改善アドバイザー
●All Aboutアフィリエイト・副業　ガイド

12年間の会社員時代から様々な副業に取り組み、2009年にインターネット集客や収益化の専門家として独立。

会社員時代は人事採用・人材開発・人事管理などの管理部門（7年）、営業・企業投資などの営業部門（5年）に従事しており、特に採用部門では新卒・経験者採用合わせて2万人以上の面接を務めた経験を持つ。

独立後はブログメディアの運営とともに、コミュニティ（オンラインサロン）運営、書籍の執筆・プロデュース、ユーチューブ活用サポート、企業や地方自治体のIT（集客・PR）アドバイザー、講演活動など、複数の業務に取り組むポートフォリオワーカー。

現在は複業（副業・兼業）の重要性を伝えるため、新聞や雑誌、ウェブメディアの連載や取材の傍ら、テレビやラジオなどのマスメディアへの働きかけを行っている。

著書・監修書に『副業力』『ブログ飯 個性を収入に変える生き方』『アフィリエイトの教科書』『成功するネットショップ集客と運営の教科書』『クリエイターのための権利の本』など50作

（2024年11月現在）。

職務経歴

※これまでの会社員経験や独立後の経歴を記載

【登壇実績】【プロジェクト実績】

※セミナーや講演の実績、具体的な成果物を記載

【得意な活動テーマ】

※案件に関連するポートフォリオ、成果物を記載

志望動機

コロナ以前より、地方創生に関わるイベントのサポートや情報発信の方法を伝える講演活動、エリアマーケティングの書籍の執筆などの活動を行っておりました。

それぞれの地域独自の魅力は本当に多いにもかかわらず、町興しという言葉とともに新しいもの

を作ろうとする自治体などもあります。新しいものを作ることを否定するわけではありませんが、予算も手間もかかります。

でも、少し知恵を絞って既存の資産を活用すれば、余計なお金や時間を使わなくても人を集めることは十分に可能です。足を運ぶ理由がある場所だということを、効果的に日本中に、世界中に知らしめれば良いわけです。

インターネットでの情報収集が一般化している現在、情報発信を適切に行う必要があります。いくら素敵なエリアであっても、良い商品であっても伝わっていなければ存在していないことと同意です。しかしながら、自分たちのエリアの魅力を最大限ＰＲできている自治体（団体）は決して多くありません。場合によっては、知らず知らずのうちにスパム行為をしていることもあります。

適切な発信力と同時に、情報リテラシー力の向上を図り、〇〇市の魅力を多くの人に伝えるお手伝いができればと考えています。〇〇市には友人も多く、コロナ前には複数回訪れています。

市内観光だけでなく、□□（訪問した観光スポットを列挙）などを観光しつつ、△△（地域の名物を列挙）などで舌鼓を打った思い出があります。

〇〇の自然災害からの復旧（最近のニュース）も気になっており、また近いうちに訪問したいと考えております。

社会的信頼度を高める講師のキャリア

講師の活動は自身の専門性を世間に広く知らしめる絶好の機会となり、スキルや知識の再確認と向上に役立ち、さらには信頼性を強化する効果もあります。

また、講師の役割は単に知識を伝えるだけではなく、**参加者に新しい視点やスキルを提供し、その結果として行動の変容を促すこと**が求められます。私が講師として登壇する際、常に心がけているのは、参加者が一歩踏み出す勇気を持つようサポートすることです。セミナー後も継続して学び、実践する意欲を持ってもらうことが重要です。

講座のテーマを決める

講座のテーマを決める際には、**市場のニーズと自分の得意分野を掛け合わせる**ことが重要です。

例えば、生成ＡＩの活用やＤＸは、２０２４年において関心の高いテーマでしょう。他にもエクセルの活用による業務改善といった普遍的なテーマも良いでしょう。自分自身の実績や経験をもとに、独自の視点を加えたテーマを設定することで、他の講師との差別化を図ることができます。

想定参加者をイメージする

想定参加者を明確にすることも重要です。対象が初心者なのか、中級者なのか、あるいは専門家なのかによって、講座の募集方法や内容、構成は大きく異なります。

例えば、初心者向けの講座では専門用語を使わず、日常的な言葉での説明に時間を割き、中級者向けでは基礎的な内容の時間配分は減らして実践的な応用法に重点を置くなど、**対象に合わせたプログラムを考えることが重要**です。また、具体的な事例を交えることで、参加者が自分の状況に置き換えて理解しやすくすることが大切です。

自主開催で実績を積み上げる

まずは自主開催の講座を通じて、登壇実績を積み上げていきましょう。私も最初は自主開催のセミナーから始め、少人数でも確実に成果を出すことを心がけました。

講座を重ねれば重ねるほど、スライド構成も自分の話し方も改善されていきます。**自主開催の講**

座は、自分のペースで進められるため、失敗を恐れずにチャレンジできる良い機会です。特にオンライン講座は、参加者の住所を問わず開催可能で、会場費などのコスト面の心配もないため、初心者にとって非常におすすめです。オンラインならではの柔軟性を活かし、広い範囲の参加者に情報を届けることができます。この自主開催一つ一つの経験や実績が積み重なり、徐々に大規模な講座や企業からの依頼へと繋がっていきます。

講座のアーカイブ化

講座のアーカイブ化も重要なポイントです。セミナーの内容を収録し編集する、パワーポイントのスライドもＰＤＦファイルにしておくことで、参加者に提供できます。これにより、参加者は繰り返し学ぶことができ、理解を深めることに繋がります。また、アーカイブをオンラインで販売することで、新たな収入源を確保することも可能です。

さらに**アーカイブ化された講座は、自分のポートフォリオの一部**となります。企業が登壇依頼をする際に、あなたがどのような講座を行っているのかを知るため、サンプルを求められることもあります。そのときに慌てて収録するのか、それとも準備されているのかによって、レスポンスのスピードは大きく変わります。もちろんレスポンスが速いに越したことはありません。

▼外部からの登壇依頼を受ける方法

登壇依頼を受けるためには、専門性の自己発信が欠かせません。私の場合、ブログやSNSを通じて、自分の知識や経験を発信し続けています。また、登壇できるテーマや実績をポートフォリオとしてまとめ、自分のウェブサイト（ブログ）のプロフィールページで公開したり、講師募集プラットフォームやクラウドソーシングサービスなどに登録したりすることで、クライアントに信頼性をアピールしています。

また、ただ待っているだけではなく、所属しているコミュニティや、社内研修、地元の商工会議所など、自分との関係性が少しでもある団体にアプローチすることも大切です。こうした**自己発信を継続することで、登壇依頼が増えていきます**。そして、登壇実績ができたら、忘れずにポートフォリオの更新を行いましょう。

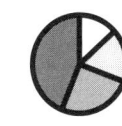

書籍を出版する
～一般人が出版できる三つの方法～

多くの人が、「いずれ出版してみたい」と心のどこかで思っているのではないでしょうか。自分の本が紀伊國屋書店やジュンク堂書店、あるいは地元の本屋さんに並ぶのを夢見ている人だっているはずです。

商業出版というと、有名人や著名人しか出版できないというイメージがあるかもしれませんが、まったくそんなことはなく、普通の人でも出版できます。書店を一周してみてください。あなたの知っている著者はどれだけいますか？　9割以上の著者は初めて見た名前のはずです。あなただってその9割の中に入り込むことは可能です。

私は通算で約50冊の本に関わっていますが、自分の能力が際立っているかというと全然そんなことはありません。芸能人やスポーツマンでもありません。一応、会社を経営していますが、世間に対する影響力なんて小さなものです。でも50冊の実績があります。普通の人間であるにもかかわらずです。

自分が普通だと思っていることは、実は第三者から見たら異常値かもしれません。その**独自性から法則を導き出し、誰が読んでも理解できるように翻訳し、世界に向けて発信するチャンスは誰にだってあります**。やり方を知って、挫けずに実践することで、チャンスを広げることができます。

まず一つ目の方法が自費出版、または企画出版（協力出版）といった、自分で費用を負担する出版方法です。二つ目の方法は、キンドルを中心とした電子書籍の出版、そして三つ目が商業出版です。

▼方法① 自費出版・企画出版（協力出版）

自費出版は、自分が費用を出して著者自身で販売（配布）することを前提に、出版社（印刷会社）に依頼して書籍を作成することを指します。自費出版は出版社側のリスクがほとんどなく、売上に直結するので、積極的に取り組んでいる会社も多いです。

著者側のメリットは、**商業出版と比べて自分の好きなテーマ・内容で書籍を作ることができる**という点が挙げられます。商業出版の場合、出版社が在庫リスクを抱えるため、売れる（世間に求められている）テーマでないと企画が通りません。一方で自費出版は制作費を著者が負担し在庫リスクを回避できるため、著者の希望通りの書籍が作れるわけです。

また、自分で費用を負担する出版方法に、企画出版（協力出版）という方法もあります。

企画出版と自費出版との大きな違いは、書店流通に乗るかどうかです。サービスプランによって、部数の増加や、プロモーションの規模が変わってきます。この仕組みが良い悪い・好き嫌いは置いておいて、「PRの予算が余っていて、来期に繋げられるような施策を打っておきたい。できれば世間的に評価される方法で」と考えているのであれば、出版は立派なツールになります。なぜなら一般的には「**本を出す＝ステータス**」だからです。

▼方法②　電子書籍

二つ目の出版方法が電子書籍です。これも必ず出版できます。

自分ひとりで文章を書いて、ページを組み上げて、そのまま電子化してアマゾンなどの電子書籍ストアに並べる、たったこれだけで電子書籍の出版は可能です。印税についてもアマゾンのキンドル独占販売であれば最大70％の印税率にすることも可能です（紙の書籍は一般的に8％前後）。

ただ、編集者などの第三者の視点が入っていないため、表現を磨けていなかったり、書籍として読者が満足する情報を提供できていなかったりします。実際に、電子書籍は内容の質に大きなばらつきもあります。さらに、電子書籍リーダーやスマートフォンでしか読むことができず、一般書店に並んではいないことから、「出版しています」と言ってもなかなか信頼してもらえない場合があります。

▼方法③ 商業出版

三つ目が、本題の商業出版です。出版社の予算で書籍を作成し、全国の書店やアマゾンなどのネット書店に並んでいる状態を指します。本節では主に、この商業出版について解説します。

専門分野と社会的影響力

「いつか出版したいんです！」とか、「私の経験やノウハウは絶対に役立つはずなんです!!」とか、「企画書作りました、見てください!!!」など、私もいろんな相談を受けます。

書籍を出版したいという「想い」や「行動力」は大切です。でも商業出版には「企画」と「社会的影響力」がもっと重要です。想いに実績が伴っていないと、商業出版の企画としては通りづらくなります。企画を言い換えると、「世界に届けたいあなたの得意分野やメッセージ」で、社会的影響力は第3章で触れたブランドや権威、そしてファン、フォロワーの数です。これらが大きければ大きいほど、出版の可能性は高まります。

編集担当に興味を持たせ、営業担当に売れると感じさせる企画書を作る

商業出版するためには、出版社が興味を持ってくれる企画書を作る必要があります。どんな本を作りたいのか。読んでもらいたい人はどんな人なのか。目次や内容などをまとめていきます。しかしながら、企画書は本のアイデアが書いてあるだけではダメです。その本が売れるのかどうかを出版社にアピールしなければなりません。

出版社は売れる本を求めています。**内容が濃いのはもちろんですが、その本が世間で受け入れられるのかどうかも記載**しておきましょう。業界の大きさ、自分のSNSや友人のブログでの拡散、講演会などでの直販。少なくとも初版分は完売できそうだというイメージを、出版社の営業担当に感じてもらう必要があります。

そうは言っても、そもそも「企画書を提出する編集さんとどう知り合えばいいんだ」という疑問

もあると思いますので、最初に編集さんとのコネクションの作り方について説明します。

編集者と知り合うための方法は大きく分けて三つあります。

①持ち込み

一つ目の方法が、いわゆる**持ち込み**です。

出版社に直接コンタクトを取って、企画や原稿を見てもらうアレです。マンガ家を目指す人によく見られる光景ですね。マンガならまだしも「実際にそんなことできるの?」と思うかもしれませんが、検索してみると出版社の門戸はかなり開かれています。とはいえ、門戸をオープンにしているということは、それだけ応募も多く、競争が激しい可能性が高いです。

②編集者と知り合う

二つ目の方法が**編集者と知り合いになる**ことです。
「編集者と知り合いになれって簡単に言うなよ」と思いますが、意外と簡単に会えます。要は編集者がいそうな場に行ってみればいいのです。私の場合はボランティアで参加しているコミュニティの中に編集者がいたり、イベント内で出会ったりと、不思議なきっかけで編集者と出会っています。

他にも**著者と仲良くなる**という方法もあります。書評を書いてブログで公開したら、著者はすごく喜びます。少なくとも私は喜びます。書評記事をきっかけに著者と仲良くなることだって可能です。あるいは好きな著者の出版記念パーティに足を運んでみても良いでしょう。

著者の背後には必ず編集者がいます。書評やイベント参加などで、著者や編集者と仲良くなって、例えばフェイスブックのタイムラインに得意な分野の情報をさりげなく掲載して興味を持ってもらうなど、いろいろとやれることはあります。

③出版エージェント

三つ目の方法として、**出版エージェントにお願いする**ということも考えられます。

出版エージェントとは何十人もの編集者と本を出したい人を繋ぐ役割で、あなたの企画書をチェックし、編集者に届けてくれるサービスです。出版が決まれば売り上げの何割かを手数料として支払う仕組みです。手数料については千差万別で、何十万円もの初期費用を設定している出版エージェントもいます。別にお金を取ることは悪いことではありません。企画書の時点からサポートするにはものすごい時間と労力が必要になるからです。エージェント側も仕事として（報酬を得て）受けなければ、自分自身の生活に支障が出てしまいます。

とはいえ、あまりにも高額な初期費用については疑問が残るところです。目安としては、がんばって著書を売ることで得られる印税額とのバランスで決めれば良いかと思います。例えば、「書籍価格1500円×4000部×印税8％」とすれば、税込みで約50万円の印税が見込めます。この範囲内で初期費用が支払えるのであれば、自分の実績作り、ステージの向上に投資するのは悪くないでしょう。このあたりは個人個人の考え方によって相違がありますので、自分に合ったスタイルを選択しましょう。

▼企画書作りのポイント

出版の実現には出版社が魅力を感じる企画書が必要です。大きく分けてポイントは三つです。

①世の中に役に立ちそうか？

読んでくれた人に役立つ、大げさに言えば**世界にインパクトを与えられる未来を出版社に見せる**必要があります。持っている知識、経験、ノウハウ、熱量をすべて企画書に落とし込みましょう。

②信頼感のある人が書いているか？

誰が書いているのかというのは非常に重要です。専門家になることの大切さについて述べましたが、「この人が言っているのであれば間違いないだろう」という**社会的信頼性が必要**です。

③売れそうか？

最後に売れそうかどうかです。出版したいと思っている人は多いのですが、この視点が抜けている場合が多いです。出版社は営利企業ですから、売れない本にコストを投下する意味はありません。**自分が書きたいテーマのマーケット規模をしっかりと明示**しましょう。自分の協力者がどれだけいるのか、想定読者層がどれだけいて、自分自身でこれだけ拡散できるということを企画書に載せることで売り上げの目安が立ちます。結果として企画が通る可能性が高まります。

三つの要素のバランスを高い位置で成立させることで、出版の道は開けていきます。出版社の編集者は良い本を作りたい、営業部は売れる本を作りたいと思っています。そのため、**編集会議向けには「こだわりや独自性」**、**営業会議向けには「売れている類書や販売見込み」**と、企画会議に合わせてアピールする内容を変えることも大切です。

企画書に入れる項目

出版企画書に入れる項目はある程度決まっています。

だいたい、以下の項目をA4用紙2～3枚で簡潔にまとめて提出するのがおすすめです。自分の想いを長々と書いても、編集者は忙しいので読まれない場合があります。必要な内容を適切に、漏れなく記載しましょう。

❶タイトル
❷サブタイトル（キャッチコピー）
❸本書の内容・目次案
❹ジャンル（ビジネス書、技術書、実用書など）
❺著者名・プロフィール
❻企画意図（背景）
❼想定読者層

❽類書
❾類書との差別化
❿販売施策

❶タイトルについては、企画書時点では仮で入れておけばOKです。出版が決まった場合、書籍のタイトルやサブタイトルは最終的に出版社が決定します。キャッチーなタイトルであればそのまま使われる場合もありますし、大きく変更される場合もあります。

❺プロフィールについては、どのような実績があるのかを記載します。ここがポートフォリオの見せ所です。❻企画意図は、なぜ「今」この本を出す必要があるのかという点を明確に載せておきましょう。

❼❽❾についてはそのままの意味で、どのような人が読者になり得るのか、類書（ライバル書）で特に売れている書籍はどのようなものか、類書と比較して自分の本はどう違うのかを記載します。

最後に❿販売施策です。この項目は必須ではないのですが、私は入れています。例えば自分のブログの閲覧数、SNSのフォロワー数、拡散協力してくれる著名人、業界規模などです。出版社の担当者が自分の書きたい書籍の業界に詳しいとは限りません。こちらで資料を用意しておくことで、編集会議の後押しになります。

出版社によって得意分野がある

出版社にはそれぞれ得意分野があります。もちろん編集者にも好みや得意分野があります。理工書・技術書がメインの出版社、技術書の中でも初心者向けの書籍が得意な出版社、玄人向けの書籍が得意な出版社、ビジネス書が得意な出版社、硬めの本が好き、ライトな本が好き、著名人を口説き落とすことが得意な編集者、作家デビュー作をじっくり作り込む編集者などなど……。

企画を持ち込む際、どの出版社に提出すれば企画が通りやすいのかを意識しておくことは大切です。規模が大きい、知名度がある出版社とあなたの企画がマッチするとは限りません。A社では相手にされなかった企画でも、B社では重宝されるということはよくあります。就職活動と一緒です。自信のある企画書ができあがったのであれば、相性の良い出版社を選んで提出しましょう。**1社でそっけない対応をされても心折れずに、複数の出版社に視野を広げましょう**。

なお、出版社の特色を知りたい場合は、書店で出版物をいろいろと比較すると良いでしょう。例えばインプレスの書籍と日本実業出版社の書籍の傾向はまったく違います。ダイヤモンド社が出している技術書を見たことはありますか？　自分でもリサーチは可能ですので、調べてみましょう。

出版は儲かるのか？　印税と印税以外のお話

印税の話はみなさん気になると思いますので、入れておきます。

私が書いている書籍のジャンルはビジネス、ＩＴ、技術書カテゴリになるので、小説や実用書などと比較すると、特に初版の部数が大きく変わってくると思います。そのあたりは、あらかじめ頭の隅に入れておいていただけると幸いです。

私が関わっている書籍の初版部数は平均４０００部です。価格は１５００円、印税率を８％とした場合、全部売り切って約50万円です。これを高いと思うか安いと思うかは原稿を書いている期間にもよると思いますが、一般的には半年から1年かけて1冊の本を作り上げます。

1年かかった仕事で報酬が50万円だと厳しいですよね。一方、電車の中吊り広告などで「50万部突破」という広告を見たこともあると思いますが、あのレベルになると印税額が６０００万円になります。もちろん何十万部のベストセラーになる書籍はごく一部です。ここのポジションを狙っていくのは大変なのですが、３万部ぐらいであれば真っ当な努力をすれば不可能な数値ではありません。

そして、印税以外にも出版することで大きく変わるものがあります。それは世間（親・友人・知人・旧友）の見る目です。私が『ブログ飯』という書籍を出版したときはフリーランスという名の絶賛無職だったのですが、本を出した直後から先生扱いになりました。**紙の書籍を1冊出しているのと出していないのとでは世間的な信頼度は大違い**です。ウェブメディアに取材されるのと、専門雑誌に取材されるのも違います。紙媒体はレガシーメディアだと揶揄されますが、世間の信用度はいまだレガシーメディアに担保されているわけです。

著者という肩書きができることにより、世間の信頼度のランクが一段上がります。著書があるということはその道の専門家としての信頼度が上がりますので、サービスの値上げも可能になります。また、出版を経験して様々な世界に足を踏み入れることにより、**今まで関わらなかったような人脈が広がります**。不思議と著者の周りには著者が集まるのです。ぜひ自分の目で新しいステージを確かめてください。

なお、本書ではあくまでも企画を通すという点にフォーカスして説明していますが、企画が通過したら、10万字の文章を書く、推敲・校正でクオリティを上げる、自らの足で営業活動するというフェーズも発生します。

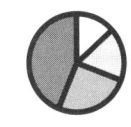

自己ルールの設定

～即断即決力の鍛え方～

これまでキャリアの積み上げ、ポートフォリオの構築について解説してきましたが、複数の業務を並行で進めていくと、時間や体力がいくらあっても足りません。そこで鍛えておきたいのが「即断即決力」です。判断するということが不得意な人もいるでしょう。私も判断、特にお断りすることは苦手でしたが、「自分のルール」をしっかり決めたことで、労力を減らし、即断即決することが可能になりました。

ルールを決める理由は以下の三つです。

❶ルール決めによって判断を早められる
❷長々と考えていても結論は変わらない
❸ルール化によって断りづらさが発生しない

人間が迷う理由は、ある程度決まっていると思いませんか。ざっくり分けて、「得意分野かどうか」「人間関係」「価格」ではないでしょうか。

そうであれば、その中での判断基準を決めて、**基準内であれば受ける、基準外であれば受けないというルールにしておけばシンプルに決断できる**ようになります。「判断」はものすごくエネルギーと時間を使います。ですが、ルールを決めることによって自動的に選択できるので、判断に使っていたエネルギーや時間を別のことに活用できます。

検討・調整するだけでエネルギーを消耗し、実際の作業前に枯渇してしまうのは本末転倒です。同じような判断を繰り返して不必要に消耗しないために、自分の中でルール化しておく必要があります。

▼基準の決め方

ルール設定は人それぞれ自由でいいと思いますが、それだと不親切なので私のルールの決め方を紹介します。

実はとても単純で、マトリクスを作って案件がどこに位置づくのかだけで決めています。

BCGマトリクス

マトリクスと言えば、ボストン・コンサルティング・グループが考案した**BCGマトリクス**（正式にはPPM：プロダクト・ポートフォリオ・マネジメント）が有名です。

BCGマトリクスの詳細な解説は割愛しますが、要は市場成長率と相対的マーケットシェアの縦軸と横軸を「花形（Star）」「金のなる木（Cash Cow）」「問題児（Problem Child）」「負け犬（Dog）」に4分類する方法です。ここで重要なのは「ビジネスを長期間安定させるためにはStar商品を狙うのではなく、Cash Cow商品をたくさん持っておくこと」です。「あなたにお願いしたい」あるいは「あなたからしか買えない」という状態にしておくことで、安定した収益を見込むことができます（**図表5-4**）。

とはいえ、このようなビジネスに寄った感じではなく、もっと感覚的なものでも大丈夫です。**図表5-5**は「得意・苦手」「好き・嫌い」を分類するシンプルな考え方です。自分の得意分野や好き嫌いを知っておくことで、どのゾーンの依頼かすぐに判別することができます。

右上の好き&得意であれば全力で引き受けましょう。右下の興味はあるのだけど実力不足というケースでは「引き受けてから全力で勉強して自分の能力を上げるきっかけ」にすれば良いわけです。左上の好きではないけどできることは依頼者との人間関係で決めて、左下の嫌いで苦手な分野は速攻で断る。即断即決できませんか？

早く断ることは礼儀

断るのが気まずくて、結論をどんどん先送りする人もいます。実は依頼者からしてみると、これは大きな迷惑です。断る時期が遅くなればなるほど、機会損失が大きくなります。判断が速いと依頼側も別の人を探す余裕が生まれます。

早く断ることは「悪」ではなく「礼儀」です。断ったぐらいで崩れる人間関係なんてその程度の薄っぺらな関係性です。私は条件が合わなければ平気な顔して断りますし、私自身も断

図表5-4 BCGマトリクス

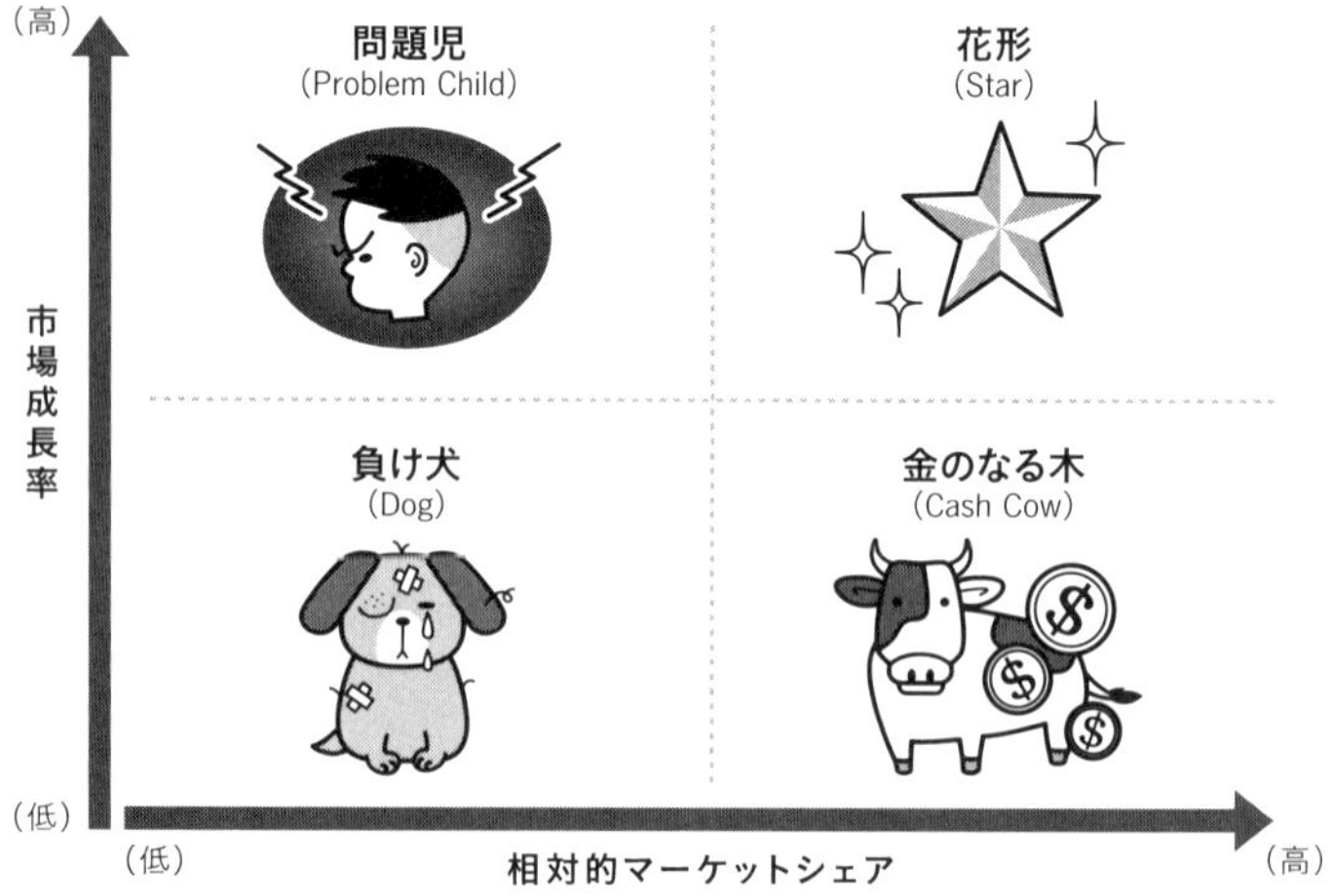

られても気にしません。断った人にも「また誘って」と言いますし、断られた人にも「また誘うね」と平気な顔して言います。

要は慣れです。

レスポンスは速く、連絡は密に

依頼を断っても信頼関係を崩さないためには、日常のコミュニケーションが大切です。私が意識しているのは「受信連絡」と「クライアントに合わせたコミュニケーションツール」の二つです。

ビジネスの世界では、第一印象が非常に重要です。迅速なレスポンスは、相手に対する信頼感を高める要素の一つです。例えば、メールやメッセージを受け取ったら、**できるだけ早く返**

図表5-5　決断を促す四つのゾーン

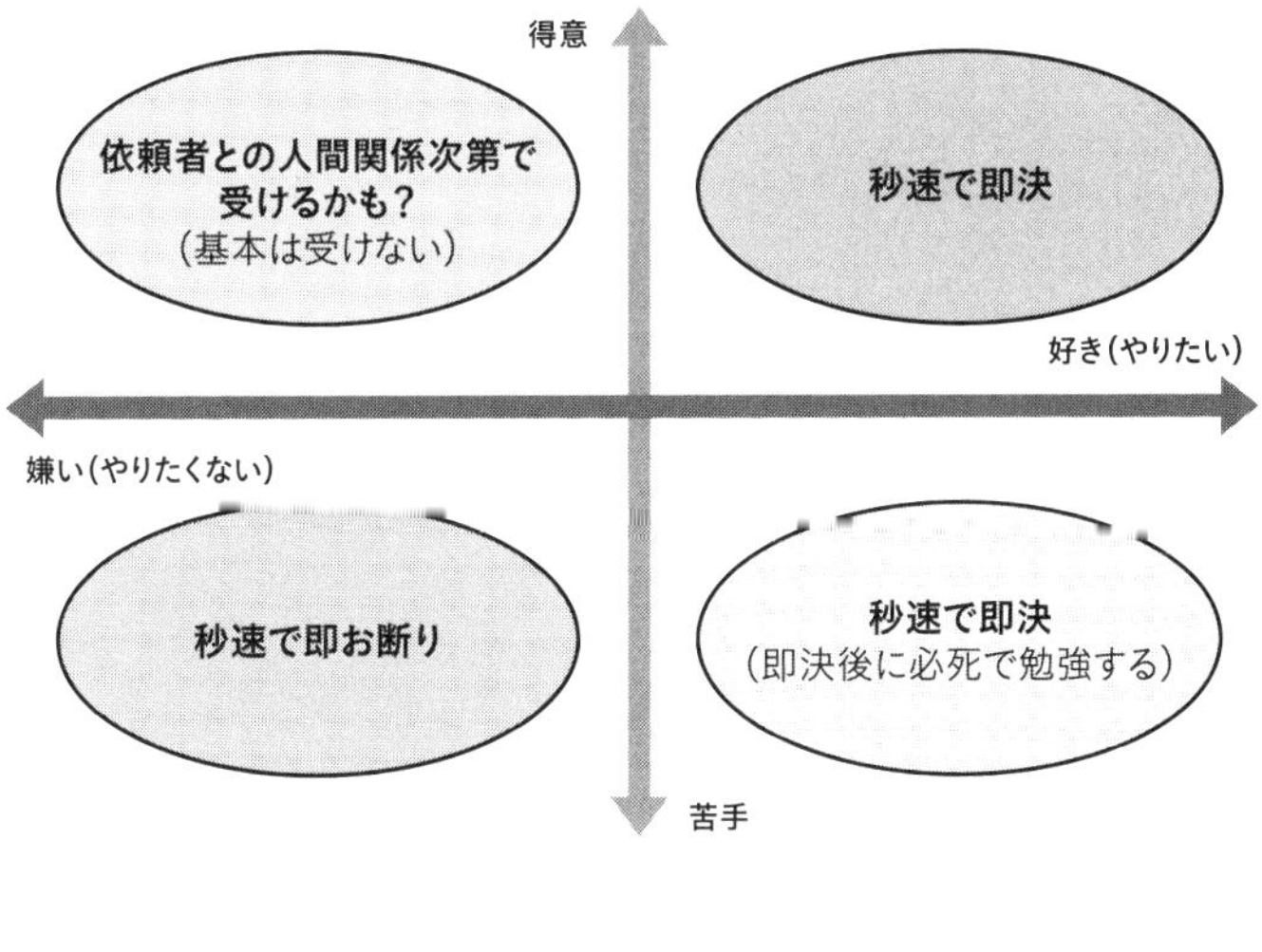

信することを心がけています。即時返信が難しい場合でも、受信を確認した旨を短いメッセージで伝えるだけでも、相手に安心感を与えることができます。

今はメールだけでなく、チャットツールやプロジェクト管理ツールなど、多様なコミュニケーションツールが存在します。**クライアントの希望に合わせて使い分ける**ことで、情報の伝達がスムーズになります。

値付けの勇気

サービスの値付けに困っているという悩みをよく聞きます。

- こんな高い価格にして売れるのだろうか？
- 私レベルの技術力で、こんな価格を提示して良いんだろうか？
- 安くし過ぎて消耗したらどうしよう

多くがこんな悩みですし、私もそうでした。というか今でもそうです。値付けというのは難しいのです。でもルール化することによって悩んで時間を浪費することもなくなりますし、気にしすぎて精神を消耗することも減ります。余計なエネルギーを使わなければ、それだけ作業時間や考える時間に充てられます。参考までに私は以下のルールに沿って、見積金額を決めています。

●日給／時給としていくら必要（欲しい）か決める
●初期費用型か長期運用型かを把握する
●工数換算（どれだけ時間がかかるのか）して提示する
●「追加要望が来そう」などの不安を感じたら2倍の値付けをする
●つまらなさそうだったら受けない
●面白そう、応援したいのだけど予算がなさそうなら半額でも可

サービスの質・量が高いことに越したことはありませんが、実は値段との相関性はありません。自分の提供しているサービスよりレベルが低いのに（低いと感じるのに）、高額なスクールなどはよくありますよね。

値付けというのは、あなたがいくら必要なのかを認識しておくことが重要です。1人につき1日5万円と決めたら、その合計金額を淡々と提示すればいいだけです。

「要件定義が曖昧だな」「追加作業が発生しそうだな」と感じたら、ルール通り価格を2倍にすればいいだけです。運用サポートまでやるのであれば、初期費用を安めにして、月々の運用費用を計上して、総額で希望金額になればいいわけです。応援したいプロジェクトだなと思ったら、値引きしても、ボランティアで加わっても良いんです。

値段が高くても買う人は買いますし、安くても買わない人は買いません。独自性が際立っていれば、他者との比較もされません。見込み客が法人であれば、お金を支払うのは会社ですから、自分が満足いく見積もりを出しましょう。

ルール化すると値付けは本当に楽になりますので、ぜひ試してみてください。あとは慣れです。

また、自分の能力（価値）が向上したと思ったら、積極的に値上げしましょう。違った層の顧客と出会うことができます。ただ、リピーターに関しては、最初の金額から大きな変動はしないように配慮しています。なお、私の値付けの特徴は「今が一番安い」です。

▼報酬が安くても受けたい仕事、高くても避けたい仕事

価格の話ばかりしていると守銭奴のように思われそうなので、**予算度外視でも喜んで受ける仕事**

と、報酬が大きくてもお断りしているルールについても解説します。

私が予算度外視で引き受けている依頼は「学生向け」と「地方創生」です。そして、お断りしている依頼は「自分の信頼残高を下げる」仕事です。

学生向けの依頼は、未来を担う人材の育成という観点から非常に重要だと考えています。彼ら彼女らが成長し、社会に貢献できる人材になる手助けをすることは、私にとって大きな社会的意義を感じる仕事です。地方創生については、地域の活性化に貢献することが、社会全体の発展に繋がると信じています。地方の独自性や魅力を引き出し、それを発信することで地域の経済や文化が豊かになる手助けをすることは、非常に価値のある取り組みです。

なお、ボランティアで関わる場合は、主催に近い側で関係性を強めておくことをおすすめします。薄い関係性では、その後の仕事にはほとんど繋がりません。「この人はこんな能力があるんだ」と、メインメンバーに認識されることで、その後のビジネスに繋がる可能性が高まります。

一方で、「客寄せパンダ」のような扱いで、影響力を期待して何かの商材を売るために使われる案件は、いくら高額報酬でも自分の信頼残高を下げるためお断りしています。自分の信頼を守ることが長期的には大きな利益に繋がるためです。短期的な利益を追求するよりも、信頼を築き、持続的な成功を目指すことが重要だと考えています。

コラム

未来の働き方を支える「複業クラウド」の挑戦

大林尚朝（おおばやし・なおとも）

株式会社Another works 代表取締役

大分県出身。早稲田大学卒業。パソナグループに新卒入社し、顧問やフリーランスなど業務委託人材を紹介する新規事業における営業職に従事。株式会社ビズリーチ（現・ビジョナル株式会社）にて新規事業立ち上げメンバーとして参画。2019年、株式会社Another worksを創業。複業したい個人と企業や自治体を繋ぐマッチングプラットフォーム「複業クラウド」を開発・運営。累計1,800社・130自治体以上で複業人材登用を支援、全職種対応で75,000名以上が登録。著書『スキルマッチング型複業（副業）の実践書』（日本能率協会マネジメントセンター）。

――複業という言葉が市民権を得てきたと思われますが、どのように感じていられますか？

大林氏：副業という働き方は昔から存在しましたが、その形態や認識は時代とともに大きく変わってきました。かつての副業は副収入を目的としたものであり、主に経済的な理由から行われていました。しかし、現代ではテクノロジーの進化やリモートワークの普及により、副業の形態が多様化しています。同じ「ふくぎょう」でも副ではなく、複数の業務に取り組む「複業」という言葉も一般化してきています。特にインターネットの発展に伴い、場所や時間にとらわれずに働くことが可能となり、複業は自己成長やキャリアの多様化を求める人々にとって重要な働き方の一つとなりました。現在では、多くの人々が自分のスキルを活かして新たな収入源を得るとともに、異なる業界での経験を積むことで、より豊かなキャリアを築くことができるようになっていると感じています。

――「複業クラウド」が目指す、複業の未来の姿をお聞かせください。

大林氏：目指す未来は、**複業の概念が広く一般化し、社会全体で受け入れられること**です。**複業の社会実装**と言い換えても良いかもしれません。近い将来、新卒学生の就職活動のタイミングから複業の意識を身につけ、社会に出る際には複数の企業で働くことが一般的になることを期待しています。現在の日本では、試験を受け入社できるのは一社だけです。内定を複数獲得している新卒学生や転職希望者でも、最終的には一社に絞らなければなりません。はたしてこれは正解なのでしょうか？　私はむしろ非合理だと思っています。**メインで勤務する会社は一社だとしても、内定をすっぱり断るのではなく、複業先として業務委託契約を結んだ方が、求職者も企業もお互いメリットを生み出すことが可能に**なります。

一社に決めるというのは、ミスマッチが発生した場合、短期間で退職に繋がってしまうリスクになります。企業側も採用活動をゼロから再開する必要があります。ある意味、採用はギャンブル的要素が発生するわけです。ですが、緩くても細くても繋がりが残ってさえいれば、ゼロにはなりません。どこかのタイミングで、パフォーマンスを発揮してくれる可能性が残るわけです。

このような考えのもと、社会全体での複業の普及と、個人と企業の双方にとってのメリットを最大化することを目指しています。

——複業クラウドはサービスリリースから約5年で7万5000名以上の登録者数を誇っています。ここまで利用者が増えている背景をどう捉えていますか?

大林氏：労働市場の変化とともに、**多くの人々が複数の「仕事を持つことの重要性」を認識**しました。特にコロナ禍でリモートワークが一般化したこと、そして雇用が不安定化したことで、多くの人々が複数の収入源を持つ必要性を感じるようになりました。このニーズに応えるために、複業クラウドを立ち上げました。

なお、我々が推進するのは、金銭報酬を目的とした「副業」だけではなく、地元に貢献したい、スキルアップしたいといった感情報酬・経験報酬を目的とした「複業」です。

例えば、「自分が挑戦したいこと」「叶えたい夢」「趣味を活かした仕事」、そして「安定した収入」を一社だけですべて実現するのは非常に困難です。一方で、今勤めている企業を退職してゼロから新しいことに挑戦することも、ハードルが高く、非常に難しい決断になるでしょう。家業の継承、家族の関係性、地元への愛着、仕事のネットワークなど様々な理由で、今の環境を変えることができない、そのようなケースは多くあります。

ですが、**複業という形であれば大きく自分の環境を変えることなく、新しい挑戦をすることができます。**リモートワークという働き方が一般化した現在、誰でも、どこからでも働くことができるようになりました。「複業」が当たり前になれば、転職や独立など大きく環境を変えることなく、自分のスキルチェンジを行うこともできます。

複業クラウドは、利用者が自分のスキルや経験を活かし、複数のプロジェクトに参加することで、自己成長とキャリアの多様化を実現するためのプラットフォームです。また、企業側にも柔軟な人材活用のメリットを提供し、プロジェクトベースでの多様なスキルセットを持つ人材の活用を促進しています。複業クラウドは、個人と企業の双方にとってのメリットを最大化し、社会全体での複業の普及を目指しています。

――複業クラウドの特徴を教えてください。

大林氏：複業クラウドは、個人が複数の仕事を持つことを支援するためのプラットフォームです。ユーザーは自分のスキルや経験を登録し、企業とマッチングすることで、複数のプロジェクトに参加することができます。

複業クラウドの特徴は、**豊富な案件の提供と、ユーザーのスキルに応じた最適なマッチング**です。登録・利用は一切無料で、求人へ直接エントリーが可能です。企業との直接契約になるため、中間マージンもかからず原価で案件を受けることができます。サポート体制も充実しており、初心者でも安心して複業を始めることができます。例えば、ＩＴスキルやマーケティングスキルを持つユーザーには、それに適した案件がレコメンドされるため、効率的に自分のスキルを活かすことができます。

また、企業側にも柔軟な人材活用のメリットを提供し、プロジェクトベースでの多様なスキルセットを持つ人材の活用を促進しています。これにより、社会全体での複業の普及と、個人と企業の双方にとってのメリットを最大化することを目指しています。

――どのような人に複業に取り組んでほしいとお考えですか？

大林氏：自分のスキルや経験を活かし、自己成長を追求する意欲のある人です。また、固定的なキャリアパスにとらわれず、多様な経験を積むことで新たな可能性を開拓したいと考えている人にも、ぜひ挑戦してほしいと思います。さらに、社会貢献に対して強い関心を持っている人や、地域社会の課題解決に積極的に取り組みたいと考えている人にも、複業の機会を提供したいと考えています。

――複業マッチングプラットフォーム内で目立つためのポイントは何ですか？

大林氏：**自分のスキルや得意分野を、具体的にアピールすることが重要**です。例えば、「ライティング」というスキルを載せるだけでなく、「ウェブライター」「文章編集」「インタビュー」「画像加工」「文字起こし」など、具体的な内容を示すことが求められます。私はそれを「**スキルのタグ付け**」と呼んでいます。また自分の強みや過去の成功事例を具体的に記載することが有効です。例えば、「過去にA社でのプロジェクトに参加し、売上を前年対比130％に向上させた」などの**具体的な実績**を挙げることで、企業側に自分の能力を明確に伝えることができます。

職務経歴書のように時系列で記載するのではなく、案件に応じて必要なタグをプロフィールや志望理由に記載してアピールすることが重要です。さらに**定期的にプロフィールを更新**し、新たなスキルや経験を追加することで、常に最新の情報を提供することも大切です。これにより、企業からの注目度が高まり、マッチングの成功率も向上します。

——企業側から見た複業導入のメリットは何ですか？

大林氏：企業側から見ると、複業人材の受け入れは多様なスキルセットを持つ人材を活用できる点が大きなメリットです。

プロジェクトベースでの柔軟な人材活用が可能となり、必要な時に必要なスキルを持つ人材を確保できます。さらに、複業人材と触れることで、既存の従業員が新たな視点や知識を得ることができ、それが社内の問題解決や新しいビジネスのアイデアに繋がることもあります。

また、従業員に対して複業を解禁することで、優秀な人材を引き留めることができ、モチベーションや満足度を向上させる効果も期待できます。先ほど、就職活動の話でも触れましたが、従来、他の会社の業務に触れるためには転職という選択肢しかありませんでした。そうなると、他のスキルを身につけたい、新しい業務にチャレンジしたいと考えている従業員が流出してしまうリスクになります。

逆に社外での複業を通じて得られる多様な経験は、企業のイノベーションを促進し、競争力を高めることに繋がります。結果的に、企業全体の生産性向上や業績向上に繋がることが多いのです。

——複業クラウドは地方自治体や観光協会などの公的機関や、スポーツ団体での募集を多く見かけますが、それらの団体で複業（プロボノ活動）をするメリットは何ですか？

大林氏：公的機関やスポーツ団体での複業は、社会貢献の一環として非常に意義があります。公的機関は担当者の異動等で、業務のノウハウが蓄積されにくいという課題があります。また、業務範囲が幅広いため、専門的な知識よりも汎用的な処理能力が求められることが多い職種でもあります。だからこそ専門知識を持つ複業人材が求められています。民間企業での専門知識や豊富な経験を持つ人材が加わることで、地域社会の課題解決に繋がるのです。

行政機関や非営利団体でのアドバイザー経験は、キャリアの幅を広げるだけでなく、企業からも高い評価に繋がりやすい傾向にあります。そもそも公的機関は信頼度が高く、その団体で職務を行うということは専門知識とスキル、社会貢献マインドの証明に繋がります。複業クラウドを通じてのマッチングでは基本的に無報酬ですが、契約期間終了後に有償の業務継続に繋がった方もいらっしゃいます。

ぜひ自身のポートフォリオを充実させるために、チャレンジしていただきたいと思っています。

複業クラウド
https://talent.aw-anotherworks.com/

第6章

コミュニティ構築力

コミュニティに所属するメリットとは

働き方が多様化する中で、複業やパラレルキャリアの重要性がますます高まっています。しかし、自分一人で複業に取り組もうと思ってもわからないことが多く、時に孤独を感じることもあります。そこで、**同じ方向性を持つ人々と繋がり、支え合い、情報交換ができる「コミュニティ」の存在が重要に**なります。

そもそもコミュニティとは、人々が共同体意識を持って共同生活を営む一定の地域、およびその人々の集団、地域社会、共同体を指します。現在では共通の興味や目的を持つ人々が集まり、互いに情報や経験を共有する場もコミュニティに該当します。現実社会ではアーティストのファンクラブ、Ｊリーグのサポーター、草野球チーム、子育てサークル、ＰＴＡなど。インターネット上では、古くはミクシィやメールマガジンの購読者、近年ではオンラインサロンやｎｏｔｅ、ニューズピックスなどもコミュニティの一種です。

これらのコミュニティは、それぞれのプラットフォームやツールを活用して、情報の共有、協力、サポート、交流などを行っています。インターネットを介して、地理的な制約を越えて世界中の人々と繋がることができ、共通の興味や目標を持つ仲間を見つけやすくなっています。

▼コミュニティに属する四つのメリット

コミュニティに参加することで、人的ネットワークの拡大、新しい知見の獲得、同じ方向性（趣味）を持つ仲間との出会い、そしてフィードバックを通じての自己成長が期待できます。本節では、具体的な事例を交えながら、コミュニティに属するメリットについて解説します。

①人的ネットワーク

例えばフリーライターがコミュニティに参加することで、他のライターや編集者、クライアントと繋がることができます。これにより新しい仕事の機会を得たり、業界の最新情報を手に入れたりしやすくなります。

②新しい知見を得る

例えばデザイナーがコミュニティに所属することで、自分だけでは得られなかったデザイン領域における、新しい知見やスキルを学ぶことができるでしょう。コミュニティ内でのワークショップや勉強会を通じて、最新のデザインツールやトレンドを学びつつ、他のメンバーからのフィードバックを受けることで、自分のスキルをさらに向上させることができるはずです。

③同じ方向性（趣味）を持つ仲間を見つける

例えばサウナ愛好家が集まるコミュニティに参加することで、同じ趣味を持つ者同士で繋がることができます。趣味コミュニティでは、仲間や友人を見つけやすいと言えます。秘境で楽しむサウナ、新施設情報、サウナの効果的な楽しみ方などを共有すれば、一人よりもきっと楽しいはずです。

④学びを継続するモチベーションを保てる

人材サービス企業の株式会社Warisでは、様々なリスキリングプログラムを手掛けています。

Warisリスキリング
https://careershift.waris.jp/

離職者向けや、非正規雇用から正規雇用への転職を目指す方向け、今後ますます需要が高まるIT領域への転向を目指す方向け、管理職層向けなど多種多様なリスキリングプログラムを手掛ける中で、共通して重視していることの一つがコミュニティです。

一つの事例として、株式会社Warisと、スタートアップ企業を支援するベンチャーキャピタルが監修する再就職支援プロジェクトがあります。この再就職支援プロジェクトは、キャリアブランクのある方が主にスタートアップ企業のバックオフィス業務に役立つ実務を学ぶ再就職講座と、Warisカウンセラーによるキャリアカウンセリングで構成されています。

一般的な再就職支援プロジェクトの参加者は、キャリアブランクの影響で順調にキャリアを重ねてきた人と比べると自分に自信がない方が多いです。職業訓練などで講座を修了しても企業へ面接書類を出すことなく、離脱していく方が多いのが課題でした。そこで、リアルやオンライン（チャットなど）で**参加者同士が励まし合い、サポートし合うコミュニティを提供し、「一緒に目標を達成する仲間意識」を醸成**することで、多くのリスキリングプログラムで課題となる途中離脱を防ぎ、ゴールまで伴走する環境を整えています。結果として、このプロジェクトでは、毎回約20名が受講し、ほぼ全員が面接などの選考過程までチャレンジするようになりました。

▼スキルアップと人的ネットワークが構築できる二つのコミュニティ

実際に私が利用し、スキルアップや人的ネットワークの構築とともに、案件取得にも繋がっているコミュニティを二つ紹介します。他にも様々なコミュニティがありますので、これら以外にも自分にフィットしたコミュニティを探してみてください。

DIGFULベース
https://top-digifulbase.irep.co.jp/

DIGFULコネクト
https://digifulconnect.irep.co.jp/

DIGFULベースとDIGFULコネクトは株式会社Hakuhodo DY ONEが運営するサービスで、フリーランス・副業人材向けにキャリアやスキルを磨いたり、登録者同士の横の繋がりを作ったりするためのコミュニティ（DIGFULベース）と、登録者向けに博報堂ＤＹグループの案件を中心に紹介するクラウドソーシングサービス（DIGFULコネクト）を展開しています。

コミュニティ（DIGFULベース）は無料で利用でき、デジタルの専門家による講座を受講することができたり、運営主催の交流会に参加できたり、オンラインプラットフォーム内で登録者同士がコミュニケーションできたりと、スキルを得つつ人的ネットワークを構築できるサービスになっています。

もう一方のクラウドソーシングサービス（DIGFULコネクト）ですが、基本的にデジタル系に強い人たちをDIGIFULベースのプラットフォームに集めて、DIGFULコネクトを通じて案件の紹介をしていく仕組みです。営業担当がいくら仕事の案件を取ってきても、受注できる人がいないと意味がないので、先にそれなりのスキルを持っている人を集めておきたいのでしょう。実際に私もインタビューライティングや、地方自治体での登壇などの案件を受託しています。

新しい働き方ＬＡＢ
https://www.lancers.jp/lab

新しい働き方LABは、クラウドソーシングサイト「ランサーズ」と、全国のフリーランスの共創による、繋がり・気づき・学びをコンセプトとした「新しい働き方コミュニティ」です。専業・副業・複業をはじめ、これから新しい働き方をしたい人も集まる場で、誰もが自分らしく才能を発揮できる社会づくりを目指しています。

全国の提携コワーキングスペースなどで主催イベントやセミナーを開催しており、メンバー同士の横の繋がりを作ることができます。また、定期的に研究員制度というプロジェクトも実施されています。研究員になると、働き方にまつわる実験を自由に企画できる「自主企画」と、あらかじめテーマが設定された企画である「指定企画」に申し込むことができ、同じプロジェクトに関わるメンバー同士で深い交流を図ることも可能です。

これからの時代、**複数のポジションで活動するためには、一人でがんばるのではなく、コミュニティの力を借りることも大切**です。新しい出会いや学び、そして支え合う仲間との繋がりを通じて、自分自身のキャリアをより豊かに、そして充実したものにしていきましょう。

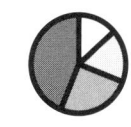

自分主導のコミュニティが重要になる時代

コミュニティに参加して多くのメリットを実感したら、次は**自分主導のコミュニティ**を作ってみましょう。自分の経験や知識をもとにしたコミュニティは、ビジネスやキャリアの新しい可能性を広げるだけでなく、より強固なネットワークを築く機会を生み出すことができます。ここでは、コミュニティの重要性と、自分主導のコミュニティを作るための具体的な方法について解説します。

▼コミュニティもビジネスモデルの一つ

コミュニティもビジネスモデルの一つとして考えることができます。ここではまず、現代のビジネス界をリードする「**プラットフォーム型**」のビジネスモデルについて解説します。プラットフォームというと鉄道や飛行機などの移動手段や、電力、通信回線などのインフラ業界を想像されると思いますが、世の中には数多くのプラットフォームが隠れています。後述する「**コミュニティ型**」のビジネスモデルの要素を含むモデルもあるので、参考程度に頭に入れておいてください。

プラットフォーム型ビジネスモデル例

- **アップル**：iPhoneは携帯型デバイス、Macはパソコンのプラットフォーム
- **インテル**：パソコンのCPUのチップ提供としてのプラットフォーム
- **グーグル**：検索エンジンプラットフォーム
- **フェイスブック**：個人情報のプラットフォーム
- **アマゾン・楽天**：通販（現在は通販だけではありませんが）のプラットフォーム
- **クックパッド**：料理レシピのプラットフォーム
- **DMMオンラインサロン**：オンラインサロンのプラットフォーム
- **キャンプファイヤー・マクアケ**：クラウドファンディングのプラットフォーム
- **複業クラウド・lotsful**：副業・複業マッチングプラットフォーム

代表的なものとしては、まずアップル製品です。これはアップルIDに紐づいたスマートフォン

やパソコンなどのプラットフォームです。グーグルは検索のプラットフォームになっています。パソコン自体もプラットフォームではありますが、突き詰めるとCPUを提供するインテルや、OSを提供するマイクロソフトがプラットフォームです。楽天市場やアマゾンも通販プラットフォームに位置付きます。DMMオンラインサロンはまさにオンラインサロンのプラットフォームです。

いくつかの事例を挙げましたが、このように「サービスの場」を提供することによって、手数料収益を得るモデルは今後も発展するでしょう。

ただし、このような大規模なモデルをすべての人が構築できるわけではありません。プラットフォームモデルで成功を収めている会社を見ればわかりますが、世界トップクラスの天才が集まって、恐ろしい集中力でハードワークし、軌道に乗ったら資金調達し、多額の投資をして事業を回しています。そして挑戦して成功するのは一握りの限られた人になります。

ですので、私のような平々凡々とした人**（一般の方）はこれから説明するコミュニティモデルを目指す**ことをおすすめします。

コミュニティ型ビジネスモデル例

● **アップル**：iPhoneやMacなど、生活を豊かにするための商品を顧客に提示し、その理念に共感・参加してくれるお客様でコミュニティを形成している。

●**クラシックカー専門店**：求める人は決して多くないが、そのお店でしか入手できない車種があれば必ずそのお店で購入する。そして店内には同じ趣味を持つ仲間がいて、その場にいること自体が楽しみになっていく。クラシックカーなのでトラブルも多いが、修理に持っていくことでさらにお店に対する愛着が増していく。

●**釣具店**：海釣り大会や川釣り大会を企画し勝敗を競うイベントを実施する。あるいはルアーの自作教室や釣れるポイントの勉強会などを定期的に実施し、単なるお客から仲間になってもらうような働きかけを行う。

●**オンラインサロン**：主宰者の理念に共感したり、参加することによるメリットを享受したりする「場」を提供している。

アップルは先ほど、自社製品のプラットフォームと評しましたが、実はコミュニティモデルも備えているという稀有なパターンです。だから時価総額世界ナンバー1なのです。iPhoneやMacを一度でも購入したことのある人はアップル製品を使い続けます。新しいiPhoneが発売されたら、多くの人がAndroid端末を選ばずに、新モデルに乗り換えるのです。これはアップル製品のデザインや利便性だけでなく、背景にあるライフスタイルを豊かにするという、アップルの理念に強力に共感しているからです。

なお、私はウィンドウズ派なのですが、特にどの機種にこだわっているというような思い入れはありません。レノボでもデルでも、あるいは自作パソコンでも、スペックと値段とデザインのバランスで選択しています。アップルとの違い、わかりますか？

▼自分を中心としたコミュニティを作る意味

自分の得意な場をベースにした強固なコミュニティを構築することにより、好景気や不景気とは関係のない強いビジネスモデルを作り出すことができます。

能力と資本と自信があるのであればプラットフォーム型を目指すのも悪くないですが、ビジネスを始めたばかりのほとんどの人が潤沢な資金があるわけではありません。ですので、最初はコミュニティをしっかりと構築し、参加してくれる仲間に支持してもらえる状態を目指しましょう。

コミュニティというとあまりイメージがわかないと思いますが、要は**自分を中心（リーダー）としたグループ**を意味します。グループのテーマはサウナ愛好会のような気軽なものでもいいですし、マーケティングメソッド研究会といった意識高めなものでも構いません。オンラインサロンもコミュニティの一種です。

また、リーダーといっても堅苦しいものではなく、**一歩先を行く人**というイメージです。そして全能である必要もありません。私は情報発信やネットマーケティング、出版などに関しては専門知識を有していますが、イラストが必要な場合は他のコミュニティにメンバーとして参加します。私が必要とするスキルを持っている人は、それだけで（私にとっては）リーダーとなる資質があるわけです。

なお、この記事でいうメンバーとはリーダーの理念に共感した、学びたい、仲良くなりたい……理由は何でも構いませんが、**一つの目標に向かって一緒に歩いている「仲間」**と認識していただければと思います。

▼コミュニティを構築するメリット

結論から先に言うと「**損失を出すリスクと機会損失するリスクをほぼゼロにできる**」という点が、コミュニティ構築の最大のメリットです。

「何だそれ？」と思う人も多いと思うので、具体例を交えて解説します。

株式投資

株を買うという行為には必ず損失リスクが発生します。確かに市場調査や企業調査を行うことでリスクを極限まで下げることは可能です。しかしながら市場は生き物です。株を買った時点で、価格の下落リスクは必ず発生するわけです。

逆に、株式チャートをただ見ているだけなら行動は伴いません。従って価格下落による損失リスクはゼロです。ただし、株価が上昇した際に発生する利益を逃している可能性もあります。これが機会損失リスクです。

新商品の開発

株式投資と同様にトレンドや想定顧客の嗜好、ライバル商品の動向などの市場調査を行うことでリスクを極限まで下げることは可能です。しかしながら、商品は実際に販売してみないと結果はわかりません。売れれば儲かりますが、売れなければ商品開発費や人件費などの経費を回収することもできません。そう、損失リスクです。

一方、新商品を開発しなければ何も変わらず、ぬるま湯に浸かったままの大企業病生活が続きます。ただし、新商品を開発することによって得られたかもしれない収益や技術力は失われます。機会損失リスクです。おそらくこのような事なかれ企業は競争に敗れて淘汰されて、結果として大きな損失を生むと思いますが。

動けば損失リスクは発生しますし、動かなければ機会損失リスクが発生するわけです。損失リスクと機会損失リスクはトレード・オフの関係で、あちらを立てればこちらが立たずという状況になります。一般的なビジネスはこのリスクバランスを落ち着かせるためにマーケティングという名の市場調査をするわけです。とはいえ、従来のマーケティングメソッドではこの二つのリスク回避を同時に行うことは不可能でした。でも**強固なコミュニティを構築してさえいれば、この両方のリスクを同時に回避することができる**のです。

友人が経営している株式会社ドリップという会社が、過去にクラウドファンディングでプロジェクトを公開しました。

FLOORPACK
https://www.makuake.com/project/floorpack/

「そもそも目標金額が低いんじゃない？」という大きな疑問はあるのですが、達成率は3万%を超えています。主張するメッセージがパワフルで、発信力があり、自分のコミュニティを構築してさえいれば、まだ実物に触ることすらできない2万円のリュックが4600人以上に支持されるのです。この状況はつまり、在庫を抱えるリスクなしにビジネスを展開できることを示しています。

コミュニティ内のリーダーとメンバーの関係は、売り手と買い手ではありません。同じ方向に向かって一緒に歩む仲間です。リーダーが理念を語り、一つ上のステージに行くために、より豊かな生活を楽しむために必要な情報（商品）を提供することで、みんなで成長できて、なおかつ居心地が良い「場」を生み出すことができます。

一緒に成長するために必要なもの（商品）を提示するだけで、共感してくれるメンバーは買ってくれます。課金ポイントをど

図表6-1　FLOORPACKのクラウドファンディング

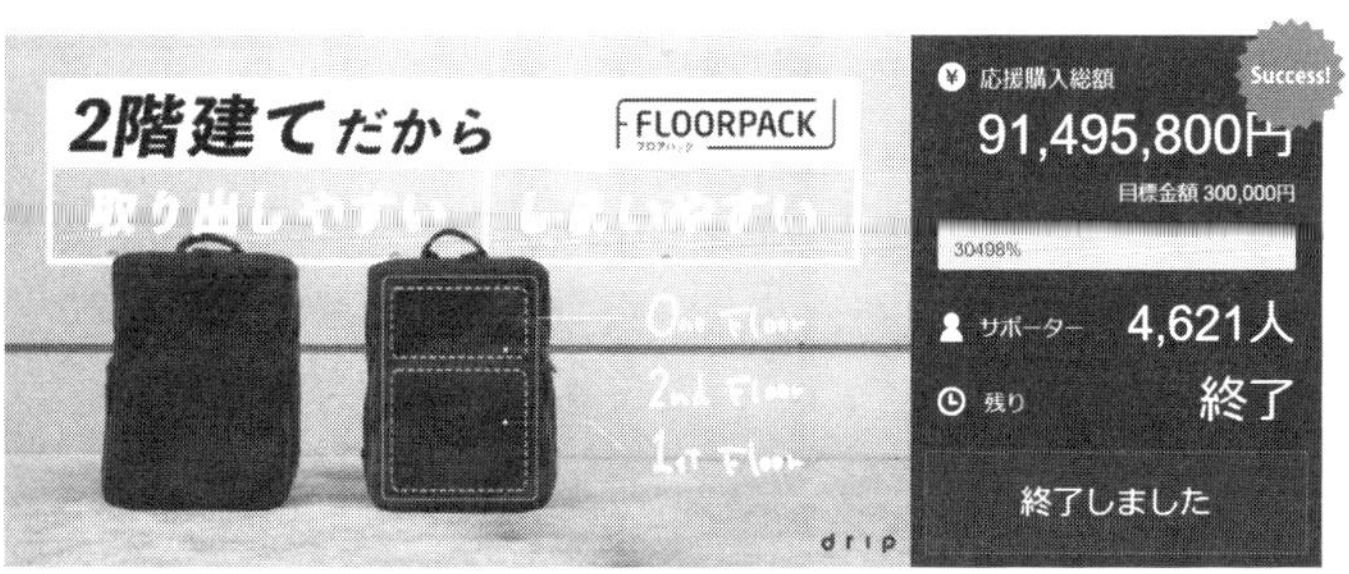

こに設定するかだけの話です。もちろん無料で情報提供するだけでも構いません。その場の居心地が良ければ仲間は残りますし、悪ければ去っていきます。

何が売れるか、支持されるかわからないこの時代に、理念に共感してくれるメンバーに支えられることで、リスクが極限まで下がるというのは大きな優位性です。

もちろんリーダーはメンバーに対して参加するメリットを常に提示していかなければいけません し、一番成長しなければいけない（一番前を歩かなければいけない）というプレッシャーもあります。これらの点を踏まえた上で自分のコミュニティを作っておくことで、スムーズに自分の事業を開始できます。

ちなみにオンラインサロンという仕組みは、自分のコミュニティを維持しやすいシステムです。共感してくれたメンバーとの関係性を深めることで、ファン度を高めることができます。逆にメンバーの新規開拓には向いておらず、あくまでも関係性を維持するためのツールです。

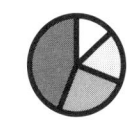

コミュニティを作り出す三つのステップ

様々なコミュニティに参加して、運営の手法、各コミュニティの違いや雰囲気などを感じ取ったら、次は自分自身が主導するコミュニティを作ることにチャレンジしてみましょう。自分の経験や知識をもとにしたコミュニティは、ビジネスの新しい可能性を広げ、強固なネットワークを築く絶好の機会です。ここでは、コミュニティのリーダーとしての役割や、具体的なコミュニティの作り方について、三つのステップに分けて詳しく解説します。

コミュニティのリーダーとは

コミュニティのリーダーといっても、完璧な人間を目指す必要はありません。指導者、先生というよりも、一歩先を行く先輩というイメージです。そしてリーダーは「現在できている人」、「体現している人」だけでなく、**「目標に到達する意欲がある人」「目標に向かって努力して歩き続けてい**

る人」であれば十分です。リーダーに必要なのは万能性ではなく、メンバーに対して成長と変化への期待を提供し、必要なサポートをすることです。

▼ステップ①　自分のコミュニティのメッセージを掲げる

自分のコミュニティのメッセージを掲げることは、その存在意義や目標を明確にするための重要なステップです。メンバーを惹きつけ、コミュニティを成功させるためには、以下の四つの要素を含むメッセージをしっかりと構築する必要があります。

なぜこのコミュニティをやるのかという想い（理念）

コミュニティを作る際に重要なのが、「なぜこのコミュニティをやるのか」という理念です。理念は、コミュニティの方向性を定め、メンバーが共通の目標に向かって努力するための基盤となります。また、理念が明確であれば、活動内容やイベントもそれに沿ったものとなり、一貫性のある運営が可能になります。**理念は、主宰者の熱意や価値観を反映し、メンバーに対する強力なメッセージとなる**ため、欠かせない要素です。

主宰者の実績を軸にした提供サービス（独自性）

コミュニティを成功させるためには、主宰者の実績を軸にした独自性の高いサービスが重要です。独自性が高いコミュニティは、**ここでしか得られない情報やサポートが期待され、積極的に参加する動機**となります。主宰者の実績が反映されたサービスを構築することで、コミュニティ全体の信頼性が高まり、持続的な発展が可能となります。

参加者への価値の提供（期待感）

メンバーがコミュニティに参加するための強力な動機づけとして、「参加することによる価値の提供」が必要です。例えば、スキル向上、人的ネットワーキングの機会、新しいビジネスチャンスなどが挙げられます。これらの**価値を明確に**することで、メンバーは参加のメリットを感じ、積極的にコミュニティに関わろうとします。また、「この場にいると良いことが生まれる」という**期待感を持たせる**ことで、コミュニティ内での活動が活発化し、相互に学び合う環境が整います。参加することで得られる価値が具体的かつ魅力的であればあるほど、メンバーの定着率も向上し、強固なコミュニティが形成されます。

提供する「場」の解説（参加イメージ）

参加イメージを具体的に示すことで、メンバーはコミュニティでの活動や体験を事前に把握しやすくなります。例えば、オンラインミーティングや定期的なワークショップ、交流イベントの開催など、具体的な活動内容を紹介することで、メンバーは自分がどのように参加し、どのような価値を得られるのかが理解できます。これにより、**参加へのハードルが下がり、より多くの人がコミュニティに参加しやすくなります**。また、参加イメージを明確にすることは、コミュニティの透明性を高め、信頼性を向上させる効果もあります。

メッセージというと難しく感じるかもしれませんが、最初のうちはどれだけ**「自分の得意分野で」「参加者に楽しい場を提供できるか」**という点に絞ってもＯＫです。

例えばキャンプが好きで、毎週のようにソロキャンプを楽しんでいる人がいたとしましょう。その人の得意分野はどのようなことか、またその人が提供できる参加者へのメリットは何かを書き出してみると、次のようになります。

得意分野は？

- 初心者にも優しいキャンプ場を把握している
- 通好みの穴場キャンプ場も熟知
- テントやバーベキューセット勢揃い
- 設営がスムーズ
- 食材ももれなく手配可能
- 後片付けも手早い

参加者のメリットは？

- 実費（割り勘）を支払うだけで気軽にキャンプに参加できる
- キャンプ上級者から手順を学べる
- 同じ趣味の仲間と出会える
- 準備も片付けも必要ない
- 毎週開催しているので、好きなタイミング・行きたい場所で参加できる

●少人数のキャンプでは体験できないアトラクションが味わえる（キャンプファイヤー等）
●学んだキャンプノウハウを、友人や自分の子どもに伝えられる

このキャンプコミュニティが月額1000円で提供されていたらどう感じますか？　主宰者は毎週好きなことをやり続け、フェイスブックグループなどのオンライン上でキャンプノウハウの発信や、質問や感想のフォローをしていくスタイルです。20人の参加者がいれば月額2万円の収入です。**好きなことをコミュニティとして構築して収益化させるのは、それほど難しいことではない**のです。

参加メンバーもキャンプ好き、あるいはキャンプに興味がある人が集まります。手軽にキャンプに参加できて、さらに新しい知識も得られるのであれば月額1000円なんて安いと思ってくれる人は少なくないはずです。何度も書きますが、「提供できるサービス」と「参加することによって得られる楽しさ」をひたすら発信し続けることでコミュニティは拡大していきます。

無理に「みんなを引っ張る先生」になる必要はありません。一歩先を歩んで、落とし穴や楽しさを知っている「背中を押せる先輩」として楽しさを伝えていきましょう。

▼ ステップ② コミュニティの存在を知らしめる

コミュニティの存在を広く知らせるためには、情報発信活動が重要です。多くの人は芸能人や著名人のように名前が知られているわけではありませんが、これまで本書で解説してきたことを活かすことで、自分の得意分野の業界では徐々に名が知られていくことが見込めます。その小さな基盤からスタートし、少しずつ知名度を上げ、コミュニティの魅力を伝え続けることが大切です。

募集において知名度よりも大切なこと

知名度が低いより高い方が良いのは当然ですが、ないものねだりをしても意味がありません。活動を続けながら知名度を上げることが大切です。そして知名度があるからといって、必ずしも集客に成功するわけではありません。実際に、知名度が高くても、内容や価値が伴わない場合には人が集まらないこともあります。**大切なのは、活動の中で価値を提供し続けること**です。コミュニティの魅力や有益性をしっかりと伝えることで、参加者は自然と集まるようになります。

タッチポイント（知ってもらう機会）を増やす

コミュニティの存在を効果的に知らせるためには、タッチポイントを増やすことが重要です。そのためには、ブログやSNS、動画などのオウンドメディアを活用して情報を発信しましょう。定期的な記事投稿や動画配信を通じて、コミュニティの活動内容やメンバーの声を広く伝えるのです。こうした地道な活動によって、コミュニティの存在を一人でも多くの方に知らしめましょう。

体験イベントやセミナーの開催

タッチポイントの一つとして、体験イベントやセミナーを定期的に開催することで、コミュニティの雰囲気や活動内容を直接感じてもらうことも有効です。参加者にコミュニティの生の価値を実感してもらうことで、継続的な参加を促すことができます。

期間限定無料お試しキャンペーン

新規参加者を増やすために、期間限定の無料お試しキャンペーンを実施することも効果的です。コミュニティの内容や価値を実際に体験してもらうことで、参加を迷っている人の背中を押すことができます。

メンバーからの紹介制度

既存のメンバーを活用した紹介制度も活用できます。メンバーが自身の友人や知人にコミュニティを紹介することで、信頼性をある程度担保した状態で、新たな参加者を獲得できます。また、紹介によって参加者が増えると、既存のメンバーも仲間意識を持ちやすくなり、結果としてコミュニティに対する愛着が深まり、より活発な活動が期待できます。

多くのタッチポイントを作り出し、積極的に情報発信を行うことで、コミュニティの存在を広く知ってもらうことができます。知名度が低くても、地道な活動の継続により、徐々に知名度を上げ、参加者を増やしていくことができるのです。

▼ステップ③ メンバーにとって居心地の良い場を提供し続ける

コミュニティを長く運営していくためには、メンバーが安心して活動できる環境を提供し続けることが大切です。メンバーは同じ目標や理想を持つ仲間なので、ともに成長し続けるための環境整備が求められます。ここでは、成長のための環境整備と心理的安全性の重要性について詳しく解説します。

成長のための環境整備

成長のための環境整備とは、**メンバーが自身のスキルや知識の向上、人的ネットワークを拡充させるために必要なサポートを提供すること**を意味します。例えば、定期的なワークショップやセミナーの開催、専門家による指導などを通した学びの実践が挙げられます。

そうした環境を当たり前のように整備してあげられれば、メンバーは安心して学び続けることができ、結果としてコミュニティ全体の成長が促進されます。特に、専門知識を持つ指導者からのアドバイスやフィードバックもあれば、メンバーの成長にも大きな影響を与えることでしょう。また、ワークショップはメンバーが自主的に実践する場を提供することでもあるので、知識を経験に変えてもらえる良い機会にもなります。

心理的安全性の確保

心理的安全性とは、**自分の意見やアイデアを自由に発言できる環境**を指します。言い換えると、他人からの否定や批判を恐れずに自分を表現できる状態を意味します。

心理的安全性が高い環境では、メンバーは失敗を恐れずに様々なことに挑戦できるので、学習と成長が促進され、新しいアイデアやアプローチが生まれやすくなります。自由な発言を奨励するためには、リーダーが率先して意見を求め、肯定的なフィードバックを行うことが重要です。すべての意見を尊重し、建設的な対話を促すように心がけましょう。また、定期的なミーティングや交流イベントを通じて、メンバー同士の信頼関係を築くことも重要です。リーダーはメンバーが互いにサポートし合い、協力できる環境を整えることが求められます。

コミュニティを作り出すことは、情報を共有する場を提供するだけでなく、ともに成長し、体験を分かち合う仲間を増やすことに繋がります。コミュニティの創設は簡単ではありませんが、その価値は計り知れません。自分がリーダーとなり、ともに成長する場を提供することで、多くの人々に影響を与えられるようになります。

コミュニティの型と運用スタイル

コミュニティには、様々な形態や運営スタイルが存在します。それぞれの特徴を知り、自分にフィットしたコミュニティを構築することで、長く有益な場を提供することが可能です。コミュニティは、その運営スタイルによってメンバーへのアプローチが大きく変わります。ここでは、代表的なコミュニティの型をいくつか紹介し、それぞれの特徴と事例について詳しく見ていきます。

▼タイプ① スクール型

スクール型のコミュニティは、主宰者がメンバーに対してノウハウや知識を提供する形式で、多くのコミュニティで使われている型です。その中でも私は「**先生型**（引率型）」と「**先輩型**（伴走型）」に分類しています。

「先生型」は強いリーダーシップを発揮し、メンバーを引っ張っていくスタイルです。強力な指導力でメンバーをリードすることで、高度な知識とスキルを提供できます。一方、「先輩型」は、メンバーと一緒に目標に向かって進む伴走型のスタイルです。このスタイルでは、親近感を持って相談しやすく、メンバー同士の交流も活発になります。

前節でコミュニティのリーダーについて説明しましたが、個人的には**「先生型」よりも「先輩型」の方が、主宰のハードルが下がるのでおすすめ**です。このスタイルは、自分の知識や経験を他者と共有することで、ともに成長することを楽しみ、メンバーとフラットな関係を築きたい人に向いています。

▼ タイプ②　メールマガジン型

メールマガジン型は、定期的なコンテンツ配信を通じてメンバーと繋がる形式です。毎日のように、テキストコンテンツ（メールやLINE、ブログ）や動画、音声などで情報が届くことで、メンバーは継続的に知識を吸収できます。この形式は、継続的にコンテンツを作成することが得意な人に向いています。

▼タイプ③ ファンクラブ型

ファンクラブ型は、特定のアーティストや著名人を応援するためのコミュニティです。芸能人に限らず、ユーチューブやインスタグラムの配信者にも該当し、会員限定のライブ配信や、グッズなどが提供されることが多いです。このスタイルは、熱心な支持者を集めるのに適しており、強い結束力を生み出します。

▼タイプ④ 体験・参加型

体験・参加型は、リーダーがメンバーと同程度のスキルを持ち、みんなで一つのプロジェクトに参加して、実際に体験を通じて学ぶ形式です。その意味で、スクール型の「先輩型（伴走者）」の要素も持っています。このスタイルは、実践を通じて得られる経験が大きな魅力あり、メンバーと一緒に行動しながら学びたい人に向いています。

▼コミュニティの価格帯

コミュニティの価格帯についても考慮することが重要です。ここでは、低額多人数型、高額少人数型、高額多人数型の三つのモデルについて説明します。

低額多人数型

月会費を安く設定し、多くのメンバーを集めるスタイルです。例えば、月額500円〜1000円で数百人規模のコミュニティを運営するケースです。このモデルでは、多くの人に参加してもらいやすい反面、個々のケアが難しくなります。

高額少人数型

会費を高く設定し、少人数のメンバーに対して手厚いサポートを提供するスタイルです。例えば、月額3000円〜1万円で50人程度のメンバーを抱えるような場合です。深い交流と高品質なコンテンツ提供が必要になります。

高額多人数型

会費を高く設定し、多数のメンバーを集めるスタイルです。例えば、月額1万円で500人のメンバーを集めるといった場合です。このモデルは、質と量を兼ね備えた運営が求められます。また、きめ細やかなフォローが必要になるため、組織化も検討材料になってきます。

課金ポイントは状況によって変わる

コミュニティの課金は月会費だけではありません。課金モデルは複数あり、組み合わせて収益化することも可能です。代表的な課金モデルは以下の三つです。

- ●コミュニティ参加費（月額課金）
- ●セミナー・コンサルティングなどのサポート料金（随時課金）
- ●グッズ販売（物品販売）

コミュニティをテーマパークに置き換えてみましょう。コミュニティ参加費は入場チケットに相当します。場に入るためにかかるお金です。そして飲食費や宿泊費など、随時課金が発生し、お土産などのグッズを購入する場合もあります。このように日常生活にもコミュニティの課金モデルは存在しています。

ただ、注意していただきたい点が一つあります。メンバーは「大切な仲間」ですので、過度な課金は避け、適切な価格を設定しましょう。

▼コミュニティガイドラインを設定しよう

ガイドラインの設定は、健全な運営に不可欠です。以下に、私が実際に使っている、具体的なコミュニティガイドラインを示します。

コミュニティ内での発言の外部転載禁止

コミュニティ内での「参加メンバー」の発言の外部メディアへの転載、口外はお断りしています。私（染谷昌利）の発信については、公開していただいても構いません。「染谷がコミュニティで言っていた」など、引用としてお使いいただけると嬉しいです（強制ではありません）。

営業行為の禁止

情報商材の売り込みや、ビジネスへの勧誘等、コミュニティ内メンバーへの営業行為を目的とした入会はお断りします。判明した場合は、強制退会とさせていただきます。

適正な入会目的の確認

入会目的が本コミュニティの趣旨に著しくそぐわないと主催者が判断した場合、コミュニティ内の円滑なコミュニケーションを阻害すると主催者が判断した場合、強制退会とする場合があります。

▼運営者が決めておきたいルールの例

また、ガイドラインとして明記はしていませんが、心の中の基準として以下の点を重視しています。

仲間としての関係

コミュニティメンバーは仲間であるということ。指導相手でもお客様でもなく、一緒の方向に向かって歩んでいる仲間です。これからの時代、ターゲットとして「お客を射止める」のではなく、「一緒の方向を向いて歩く仲間」として迎え入れていくことが大切です。

楽しさを重視

厳格にルール通りの正しさを押しつけてもストレスにしかなりません。多少ルールから外れていても楽しければ容認しましょう。ただし、他の人に迷惑をかける行為は許されません。

個人攻撃の禁止

コミュニティ内での議論や討論は問題ありませんが、個人への攻撃や中傷は場の雰囲気を悪くするので、見かけたら削除し、個別に対応します。

無理しない（させない）

無理な勧誘での入会や、退会を引き止める行為、強制的にプロジェクトに巻き込むことなど、無理をさせることは避けるように意識しています。無理しているメンバーには「気にしないで抜けていいよ」と声をかけます。

注意は3度まで

人はミスをする生き物ですから、たった一度の無意識でのルール違反で排除することはありません。しかし、3回も同じ注意をすることが続く場合には退会を促すこともあります。

▼コンテンツの準備

コンテンツの準備も欠かせません。私の場合、コミュニティを始める前に、6本のセミナーコンテンツ、50本のテキストコンテンツを準備しておきました。こうすることで、6カ月先までのイベント、そして週1回のコンテンツ投稿も1年間は提供できます。

準備をしっかりと行うことで、継続的に価値を提供し、メンバーの満足度を高めることができます。例えば、コンテンツのタイトルや概要をあらかじめリストアップしておくだけでも、毎週の投稿がスムーズに進みます。また、メンバーからの要望やフィードバックをもとに、新しいコンテンツを追加していくことで、より魅力的な内容を提供することができます。

▼定期イベントの開催

オフラインのイベントも重要です。セミナーや勉強会を定期的に開催することで、メンバー同士の信頼関係を深め、コミュニティ全体の結束力を高めることができます。毎月のセミナーが難しい場合は、外部の専門家を招くことでバリエーション豊かな内容を提供できます。

また、交流会などメンバー同士がリラックスした環境で親睦を深めるためのイベントも大切です。定期的にテーマを設けた交流会や、飲み会やカジュアルな食事会も取り入れ、メンバー同士の交流を促進させましょう。コミュニティの型や運用方法を工夫することで、メンバーにとって有益で魅力的な場を提供することができます。メンバーが安心して参加し、成長できる環境を整えることで、コミュニティ全体の価値を高めていくことが重要です。

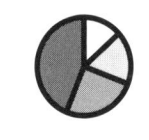

コミュニティがあるからできること

コミュニティが存在することで、個人では成し得ないことにも対応できるようになります。本章の第2節目で、「損失リスクと機会損失リスクをほぼゼロにできる」ことを説明しましたが、それ以外にもコミュニティがあるからこそ可能なことについて、具体的な事例を交えてご紹介します。

▼一人では不可能なことをコミュニティが可能にする

WordPressというソフトウェアがあります。世界で40%以上のシェアがあるツールです。これは世界中のユーザーが主導するオープンソースプロジェクトであり、開発の方針や機能の改善については、ユーザーの参加と貢献によって決定されていきます。このWordPressに関わる人々の集まりは、WordPressコミュニティと呼ばれます。

WordPressコミュニティに参加しやすいように、WordPressへの参加・貢献というページがあり、そこには様々な参加・貢献の方法が明記されています。

WordPressへの参加・貢献
https://ja.wordpress.org/get-involved/

中でも、WordPressイベントの開催という項目には、

> WordCamp（WordPressのカンファレンス）を地元で開催したり、WordPress Meetup（ローカルコミュニティイベントのグローバルなネットワーク）として地元で勉強会などを行うのも貢献のひとつです。他の技術・オープンソース系のイベントなどでWordPressを宣伝して認知度を高めるという協力方法もあります。

という内容があります。

私もWordCamp Tokyoでは2012年、2013年に運営スタッフとして、2017年はセッション登壇者として、その他の年は来場者として関わってきました。運営側には多くのスタッフが

存在し、来場者と一緒にWordPressという一つの共有言語を持ってイベントを構築しています。WordPressのソフトウェアとしての開発から、ドキュメント作成、サポートフォーラムでの回答、イベントの開催、翻訳など一人では不可能なこともコミュニティとしてなら可能だという好事例でしょう。

スキル不足や時間的制限の解消

ありがたいことに、私のもとには様々なメディアや出版社から記事や書籍の執筆依頼、さらに取材の依頼が届きます。また、自分の専門分野以外の相談を受けることもあります。時間が許す限り「はい」か「YES」で対応しているのですが、どうしても限界があります。さらに、専門分野以外の相談は曖昧な発言でミスリードしてしまう危険性があるので、対応が難しいことが多いです。

自分一人で活動していた時期は、対応に時間がかかる、あるいは自信がない案件はお断りしていたのですが、**コミュニティを運営し始めてから「とりあえず引き受けて、コミュニティメンバーに詳しい人がいないか相談する」という流れ**ができました。

例えば、メディアから「記事を書いてくれるライターを紹介してほしい」と相談された場合、その案件をコミュニティ内でシェアして、希望者と依頼主をマッチングさせます。取材や書籍の執筆依頼も同様で、私よりも専門性が高い人を紹介して、私自身はトラブルが起きた際のサポート役に徹します。

現在、私は10年間で約50冊の商業出版に関わっていますが、単著は10冊程度です。残りの40冊は共著や監修、企画協力となっています。この40冊は、例えば「メルカリの入門書を出したい」「インスタグラムの解説本を書いてほしい」「海外のクラウドソーシングサービスの紹介本を書いてほしい」といった出版社の依頼を、コミュニティのメンバーに共有して出版された書籍です。自分が学習することで書けないことはないのですが、私よりもふさわしい専門性を持つコミュニティメンバーが存在していたからこそ、安心してお任せすることができたわけです。また、出版社からの依頼を受けるだけでなく、メンバーから「こんなテーマの書籍を書きたい」というチャレンジを出版社に繋ぐこともあります。結果として、短期間で多数の書籍に関わることができました。

依頼主は仕事を完遂することができる。メンバーは出版や取材によって新たなステージに踏み出すことができる。そして私は「染谷に依頼すればなんとかなる」という信頼を積み上げることができ、実績をもとに新しい仕事の開拓が可能になります。

価値観の共有による強固な関係性

コミュニティの強みの一つは、価値観や目標が共有されていることです。これにより、細かい説明やミーティングを省略することができます。例えば、プロジェクトの方向性や進行方法についても、共通の理解があるため、スムーズに進めることができます。価値観や目標の共有によって、メンバー全員が効率よく作業を進められ、時間の無駄を減らすことが可能です。

そしてコミュニティのメンバーは、雇用主と労働者の関係ではなく、同じ目標を共有する仲間です。このため、**メンバー同士の信頼関係が強く、互いに助け合うことが自然に行われます**。こうした環境では、メンバーが自発的に動き、より良い成果を上げることができます。また、メンバー全員が同じ方向を向いているため、チーム全体としてのパフォーマンスも向上します。

このように関わる人間すべてにメリットを生み出すことができることが、コミュニティを作り出す大きな意味です。

コミュニティが終わる理由

コミュニティが存在することで、多くのメリットが生まれる一方で、終わりを迎えることもあります。とはいえ、コミュニティの終焉はネガティブなものではなく、時には成長の証ともなり得るのです。ここでは、コミュニティが終了する理由について、具体的な事例を交えて解説します。

▼目的を達したらコミュニティを終えても良い

コミュニティが終了する最もシンプルな理由は、当初の目的を達成したときです。特定のプロジェクトを遂行するために結成されたコミュニティは、そのプロジェクトが完了した時点で解散するのが自然です。目的達成後に無理にコミュニティを存続させる必要はなく、新たな目標に向けて新しいコミュニティを形成する方が、メンバーにとっても有益です。

▼タックマンモデルとチームビルディング

タックマンモデルとは、1965年に心理学者のブルース・W・タックマンによって提唱されたチームビルディングに関する考え方のモデルです。このモデルは、チームの発展を「形成期」「混乱期」「統一期」「機能期」「散会期」の五つの段階に分け、それぞれの特徴と課題を説明しています。コミュニティの運営にもこのモデルを応用することができます。

- **形成期**：メンバーが集まり、コミュニティの目的やルールを共有する段階です。
- **混乱期**：メンバー間の意見の違いや役割分担の混乱が生じる段階です。
- **統一期**：混乱が収まり、メンバーが協力して目標に向かう段階です。
- **機能期**：コミュニティが最も効率的に機能する段階です。
- **散会期**：コミュニティが解散する段階です。目的を達成、期間満了などの理由で自然に解散します。

散会期においてメンバーのスキルが向上し、達成感を共有できる状態が理想的です。しかし、残念ながらすべてのコミュニティが大団円を迎えるわけではありません。

▼その他の終了理由

コミュニティが終了する理由は目的達成以外にも多岐にわたります。以下に代表的な理由と対処法を挙げます。

コンテンツ不足

コミュニティの運営には継続的なコンテンツ提供が不可欠です。ネタ切れやコンテンツの質の低下が原因でメンバーの興味を失うことがあります。この場合、自分の知識や経験を増やし、カテゴリを横断することで新しいコンテンツを提供する努力が必要です。自らも学び続けることで新しい技術やトレンドを取り入れ、常に新鮮な情報提供を心がけましょう。

トラブル対応の増加

コミュニティが大きくなるにつれて、トラブルが増えることがあります。これは主にメンバー間のコミュニケーション不足や期待値のズレが原因です。煽りすぎた募集文や強引な勧誘、価格と提供コンテンツの不一致、そして退会を引き止めることもトラブルの原因となります。コミュニティに相応しくないメンバーの常態化によって、コミュニティの雰囲気が悪化し、メンバーの満足度が低下します。

また、主宰者が一部のメンバーを特別扱いし始めることで、その他のメンバーの不満が蓄積されることもあります。不平等な行為は他のメンバーのモチベーションを下げ、最終的にはメンバーの反乱や内部崩壊に繋がります。適切な募集方法で適度な新陳代謝を促し、公平な対応を心がけ、メンバー全員が平等に感じられる環境を整えることが重要です。

コミュニティは目的を達成したり、メンバーのスキルが向上したりするなど、良い形で終わることが理想的です。逆に、コンテンツ不足やトラブル対応、メンバーの不満が原因で終了することもあります。ネガティブな形での途中散開は、これまで築いてきた信頼を著しく下げてしまいますから、可能な限り前向きな形で終了させましょう。重要なのは、コミュニティが終わる理由を理解し、その経験を次のステップに活かすことです。コミュニティの終焉は新たな始まりの一歩です。ポジティブに捉え、次のチャレンジに向けて前進しましょう。

コラム

DIGIFULベースが目指す複業コミュニティのあり方

永井 敦（ながい・あつし）

株式会社Hakuhodo DY ONE
取締役副社長執行役員

経営コンサルティング会社を経て、大手レンタルCD/DVDチェーン本部企業にて人事業務全般を経験。2005年よりデジタルマーケティング企業である株式会社アイレップに人事担当マネージャーとして入社。その後、経営企画業務を中心として管理部門全般を統括。2013年にCFO、2017年に副社長 就任。2024年、大手広告会社グループ内でデジタルマーケティング機能の組織再編を実施、アイレップ改め株式会社Hakuhodo DY ONE副社長としてコーポレート部門全般の統括に加えて、マーケティングオペレーション部門も統括し現在に至る。

――まずDIGIFULベースについて教えてください。

永井氏：**DIGIFULベースは、デジタル領域で活躍するフリーランスの方や、会社員として働きながら複業で活躍したい人材向けのオンラインコミュニティ**です。多様なスキルや経歴を持つ人たちが登録しており、オンラインプラットフォーム内での情報交換や定期的な交流会を通じて、メンバー同士の関係性を強めています。メンバー同士での仕事の相談は頻繁に行われ、将来的には新しいビジネスをともに作り出すことが期待されています。

また、**メンバーは統合デジタルマーケティングやクリエイティブなど、デジタルマーケティングに関する知識・ノウハウを動画で体系的に学ぶことができます**。デジタルスキルは現代のビジネスにおいて必須であり、常に最新の知識と技術を身につけられるよう、オンラインセミナーや動画学習コンテンツの充実を図っています。

さらに、DIGIFULベースでは、デジタルマーケティングやDXに精通したプロフェッショナル人材を、マーケティングや関連するコンサルティング領域、システムエンジニアリング領域などの企業案件に繋ぐクラウドソーシングサービス**DIGIFULコネクト**も運営しています。せっかく「複業がやりたい」「自分のデジタルスキルを試したい」と思っていても、その力を発揮できる場所がなければ意味がありません。現在は当社や博報堂DYグループの保有する案件が中心となりますが、将来的にはより**幅広い企業に対応して、フリーランスや複業人材と企業をダイレクトにマッチングさせることを目指しています**。マッチングサービスを提供することでメンバーの可能性を広げると同時に、企業側も必要なスキルを持つ人材を効率的に見つけることができ、プロジェクトをスムーズに進行させることが可能です。これにより、フリーランスや複業人材と企業の双方にとって有益な関係が築かれます。

――DIGIFULベースが目指している新しい働き方とはどのようなものですか?

永井氏:DIGIFULベースは、「フリーランスや複業などの新しい働き方が浸透し、個人が多様なスキルを持つことでキャリアの選択肢を広げ、経済的にも精神的にも豊かな生活を送れる社会」を目指しています。**特に複業に関しては単なる収入の手段ではなく、自己実現やスキルアップの場として機能するべき**だと考えています。

現代社会は急速な変化を遂げており、一つの職業に依存するリスクが高まっています。経済の不安定さや技術の進化により、これまで安定していると思われてきた職業が突如として脅かされることも少なくありません。こうした背景から、複数の収入源を持つことが重要視されるようになりました。時代の変化に対応するため、複業の重要性を提唱し、活動を支援するプラットフォームとしての役割が求められています。

複業は個人だけでなく、受け入れる側の企業にとっても大きなメリットがあります。**企業は外部の専門家を活用することで、短期間で高い成果を上げることが可能**となります。社内の人材だけに頼ることなく、必要なタイミングで必要なスキルを持つプロフェッショナル人材をパートナーとすることで、柔軟かつ効率的にプロジェクトを進行させることができるのです。

――複業コミュニティが重要な理由は何ですか?

永井氏:仕事をしていく上では、大なり小なり組織という単位に属し、その中で人脈形成がなされ、新しいスキルを習得し、いろいろなプロジェクトに携わることになります。今後フリーランスや複業人材が増えてくる中で、個人として自立してはいるものの、組織が持つ力を求める人が増えると思っています。例えば、職場のような人との繋がりだったり、スキルアップするための学びの場だったり、プロジェクトに参画してお金を稼ぐなどの機能です。

特に個人が成長していくためには、様々な新しいことを吸収していく必要があります。例えば、コミュニティ内の成功事例や失敗事例をメンバー内で共有することによって、自分一人では困難な問題を解決することも可能になります。また、複数の分野で活動する人々が集まることで、新しいビジネスチャンスやコラボレーションの機会が生まれます。こうした相互作用が、個々の活動を支える重要な要素となります。

さらに、コミュニティは心理的なサポートも提供しています。複業を始めることはチャレンジであり、時には困難な状況に直面することもあります。そのようなときに、同じ方向に歩む仲間がいることで、励まし合い、困難を乗り越える力を得ることができます。このようなサポート体制も、複業コミュニティには不可欠だと考えています。

――どのような人に複業コミュニティに参加してほしいと考えていますか?

永井氏:自己成長を求め、様々な分野でスキルを磨きたいと考える「すべての人」に参加してほしいと考えています。特に、自分の得意分野を活かして新しい挑戦をしたい人や、多様なスキルを持つことでキャリアの幅を広げたい人には最適です。また、他者との協力や情報共有を通じて、より多くの知識や経験を得たいと考える人にも参加をおすすめしています。

具体的には、**すでに本業を持ちながらも、複業として新しい分野に挑戦したいと考えている人、またはフリー**

ランスとして複数のプロジェクトを同時進行させたいと考えている人、将来的に独立を目指し、その準備としてスキルやネットワークを構築したいと考える人にも、コミュニティは大いに役立つでしょう。

また、コミュニティに積極的に貢献する意欲を持つ人が集まることで、より充実した活動に繋がります。自分のスキルや知識を他者と共有し、コミュニティ全体の成長に貢献する姿勢を持つ人こそが、コミュニティの発展を支える中心的な存在となります。

DIGIFULベースのコミュニティは、多様なバックグラウンドを持つ人々が集まり、互いに影響を与え合う場です。異なる視点やスキルを持つ人が集まることで、より豊かな学びと成長が期待できます。特に、自分の知識や経験を他者と共有する意欲を持つ人、そして他者から学ぶ姿勢を持つ人には、積極的に参加してほしいと考えています。

——企業で求められているスキルやキャラクターとはどのようなものですか？

永井氏：現代の企業が求めるスキルやキャラクターは、**時代の変化に対応できる柔軟性と、問題解決能力**です。多くの企業でデジタルスキルやプロジェクトマネジメント能力などが重要視されています。また、コミュニケーション能力やチームワークも欠かせません。複雑化する業務環境においては、他者と協力しながら目標を達成する能力が求められます。

デジタルスキルに関しては、データの収集・分析能力が非常に重要になってきました。ビッグデータの時代において、企業は膨大なデータを活用し、意思決定を行う必要があります。そのため、データサイエンスや機械学習、生成ＡＩの知識がある人材はとても重宝されます。また、これらのスキルを活かして、新しいビジネスモデルを提案できるクリエイティビティも求められます。

また、変化に対する柔軟性も重要です。**技術の進化や市場の変動に迅速に対応できる能力**は、企業の競争力を高めるために必要です。そのため、常に学び続け、新しいスキルを身につける意欲がある人が求められます。このような姿勢は、企業の成長を支える原動力となります。

さらに、企業はチームワークを重視するため、**協力的でコミュニケーション能力に優れたキャラクター**も重要です。他者と円滑にコミュニケーションを取り、チーム全体の成果を最大化するために協力する姿勢が求められます。このようなスキルとキャラクターを持つ人材は、企業にとって貴重な存在です。

――企業側から見た複業人材活用のメリットは何ですか？

永井氏：企業側から見た複業人材活用のメリットは、社内の人材だけでは解決できない場合に、**多様なスキルセットを持つ外部人材を柔軟に活用できる**点にあります。複業者は複数の分野で経験を積んでおり、その多様な視点やスキルを企業に持ち込むことで、革新的なアイデアや解決策を提供することができます。これにより、企業は新しいビジネスチャンスを掴みやすくなり、競争力を高めることができます。

また、複業人材を活用することで、**企業は人材の固定費を抑えることができます**。プロジェクトごとに必要なスキルを持つ人材を期間限定のパートナーとして契約することで、必要なときに必要なリソースを効率的に投入することが可能となります。これにより、コスト効率の高い運営が実現します。未来の企業は、企業内の人材だけでなく、フリーランスや複業人材を自社の人材ポートフォリオに組み込んで、様々な案件に柔軟に対応できる組織設計が重要になると思っています。

さらに、複業人材のネットワークを活用することで、企業は**新しい市場や顧客層にアクセス**することができます。また、複業者はそれぞれ異なるバックグラウンドや人脈を持っているため、そのネットワークを通じて新しい出会いやチャンスが広がり、企業が成長の機会を拡大することにも繋がります。

そして、複業人材の活用により、**企業内部に新たな視点や知見がもたらされる**ことも大きなメリットです。外部からの新しい視点を取り入れることで、企業は自社の業務プロセスや戦略を見直すきっかけを得ることになります。これにより、内部のイノベーションが促進され、競争力がさらに向上します。

我々は今後もさらなるサービス拡充を図り、企業のデジタル領域における課題解決とビジネス成長を支援するとともに、フリーランスや複業人材の活躍機会の創出と、多様な働き方の実現を目指していきたいと考えています。

DIGFULベース
https://top-digifulbase.irep.co.jp/

DIGFULコネクト
https://digifulconnect.irep.co.jp/

第 7 章

継続力

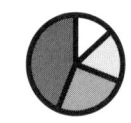

はじめの一歩を踏み出すことと継続することの難しさ

はじめの一歩を踏み出すことは、どんな目標やプロジェクトにおいても不可欠なステップです。新しいことに挑戦することで、新たなスキルや知識を得る機会が生まれ、自己成長を促進できます。実際に行動に移すことで、自分の可能性を広げ、予想もしなかった道が開けることもあります。

しかし、はじめの一歩を踏み出すことは決して簡単ではありません。多くの人は、新しいことに対する不安や恐れから、行動を起こすことをためらいます。未知の領域に足を踏み入れることは、失敗や挫折のリスクを伴うため、安心できる現状を維持しようとする心理が働くのです。また、自己評価が低い場合、自分には無理だという思い込みが障害となり、最初の一歩を踏み出せないことがあります。「まずやってみよう」と言うのは簡単ですが、実際にははじめの一歩を踏み出すには大きなエネルギーが必要です。

一歩踏み出した後に必要なことは「継続」です。どんなに才能があっても、一朝一夕でスキルを習得することはできません。長期的な努力を通じて初めてそのスキルが熟成され、さらに高いレベルに到達します。また、一貫性のある行動は社会からの信頼を築くために重要です。ビジネスでもプライベートでも、継続的に行動する姿を見せることで、他者からの信頼を得ることができます。信頼は新たな機会を生む鍵となり、新しい道を開きます。

しかし、継続が難しいのもまた事実です。初めは強い決意を持って取り組んでも、時間が経つにつれてそのモチベーションを維持するのは難しくなります。新しいことに挑戦する興奮が薄れ、日常のルーティンに埋もれてしまうことが多いからです。また、努力がすぐに目に見える形で成果として現れるとは限りません。特に初期の段階では、成果が出るまでの時間が長いため、努力が報われないと感じてしまうことがあります。

また、日々の生活や仕事に追われていたり、周囲の環境や状況が変わったりすることで、継続的な努力に費やす時間とエネルギーを確保することは難しくなります。

このように、はじめの一歩を踏み出すことと継続することは、どちらも成功に欠かせない重要な要素ですが、その実行は決して容易ではありません。次節以降では、これらの難しさを乗り越えるための具体的な対処法について詳しく解説します。

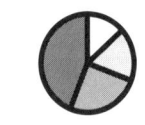

ルーティン化の処方箋

〜継続のための七つのコツ〜

継続は、成長のための重要な要素です。しかし、多くの人は新しい習慣を取り入れることに苦労します。それは、大きな目標や複雑な作業に対するプレッシャーが原因となり、始める前から気後れしてしまうからです。そこで、本節では新しいチャレンジを「ルーティン化」するための手法について紹介します。

①小さく分解する（続けられるサイズにする）

まず、大きな作業や目標を小さな行動に分解します。新しいスキルを習得したい場合、一度に多くのことを覚えようとせず、**毎日5分だけそのスキル習得に取り組む**ようにしてみましょう。例えば、インスタグラムで情報発信を行いたい場合、ランチの写真を忘れずに撮影する、電車での移動中に5分間だけ他のアカウントを調査して文章を参考にするなど、小さなステップに分けて取り組むと良いでしょう。短時間で済むため、挫折しにくくなります。毎日5分でも続いているという小さな成功体験が積み重なることで、モチベーションが維持されやすくなります。

②何でもいいので始める

次に、完璧を求めず始めることが重要です。例えば、運動を習慣にしたい場合、初日は1分間だけのストレッチでも構いません。私自身も、原稿を書き始める前に30回の腹筋トレーラーをすることから始めました。それが毎日5分、10分と増えていき、スクワットもトレーニングに加え、最終的には1日30分の自宅トレーニング習慣が身についています。**とにかく行動を起こすことが大切**です。小さな一歩でも、積み重ねることで大きな成果に繋がります。

③日常に組み合わせる

さらに、日常のルーティンに新しい習慣を組み込むことで、自然に継続できます。例えば、朝のコーヒーを淹れる合間の「ついで」に10分間の読書をする、通勤時間に「ついで」で語学学習のアプリを利用するなど、**既存の習慣と結びつけることで、新しい行動が自動的にセットされる**ようになります。

④記録し、継続の可視化を行う

継続の可視化も効果的です。例えば、毎日行った作業を手帳に記録することで、自分の努力を目に見える形にします。実行した日付をカレンダーに◯を付けるのも有効です。視覚的に続けていることが確認できるため、やめにくくなります。これが連続すると、**その記録を途切れさせたくないという心理**が働き、自然と習慣化に繋がります。

⑤作業項目のスタンプラリー化

作業項目をスタンプラリー形式にするのも面白い方法です。**特定のタスクを達成するごとにスタンプを押し、一定の数が集まったら自分へのご褒美を設定**します。私自身も、書籍の原稿を1項目書き終えるごとにスタンプを押し、10個のスタンプが集まったら常連の居酒屋でお疲れの一杯を味わうというご褒美を設定しています。ゲーム感覚で取り組むことで、楽しみながら継続できます。

⑥3カ月前の自分との比較

継続していると、自分自身に少しずつ変化が現れます。3カ月前の自分と現在の自分を比較してみましょう。例えば、ブログの執筆を始めた当初は、1記事を書くのに数時間かかっていたかもしれません。しかし、継続することで、数カ月後には1時間で質の高い記事が書けるようになることもあります。私は文章を書き続ける中で、自分の執筆速度と質がどれほど向上したかを実感しています。こうした自己評価や振り返りは、達成感とさらなる意欲を生み出します。

⑦慣れてきたら新たな負荷をかける

最後に、習慣が定着してきたら、新たな負荷をかけてみましょう。例えば、運動の時間を少し延ばす、新しいツールを使ってみるなど、第5章で説明したコンフォートゾーンからラーニングゾーンに一歩踏み出すような工夫をすることで、さらなる成長が見込めます。

「継続は力なり」と言いますが、言うは易く行うは難しです。続けるためには日常生活に絡ませていくことが大切です。**自分の中で継続しやすいルールを設定し、淡々と歩き続ける**ことで、大きな目標でも少しずつゴールに近づきます。今から一歩踏み出し、継続の力を実感してみませんか。なお、継続のコツについては章末のインタビューにて、より詳しく解説していただいています。

継続力を高めるためのマインドセット

継続によって成長するためには、適切なマインドセットを持つことが不可欠です。マインドセットとは、物事に対する基本的な考え方や姿勢を指し、私たちの行動や決断に大きな影響を与えます。本節では、成長を促すためのマインドセットや、目的を見失わないことの重要性、そしてエネルギーマネジメントについて解説します。

▼フィックスドマインドセットとグロースマインドセット

まず二つのマインドセット、**フィックスドマインドセット**（**固定的な思考**）と**グロースマインドセット**（**成長思考**）の違いについて説明します。この二つのマインドセットは、心理学者キャロル・S・ドゥエック氏が提唱した理論で、著書『マインドセット：「やればできる！」の研究』（草思社）

で詳しく説明されています。

フィックスドマインドセットの人は、自分の能力や知識は固定されていて変わらないと考えます。そのため、失敗を恐れ、新しい挑戦を避けがちです。一方、グロースマインドセットの人は、自分の能力や知識は努力次第で向上できると信じています。この考え方により、失敗を学びの機会と捉え、新しい挑戦にも前向きに取り組むことができます。

私たちは完全に一方のマインドセットに偏っているわけではなく、状況や環境によって比率は変動します。重要なのは、**可能な限りポジティブな側面が50％を超えるように意識して、グロースマインドセット寄りに思考をコントロールする**ことです。少しでも成長志向を持ち、前向きな行動を取ることが、継続による成功への近道となります。

▼ Whyを思い出す

継続力を高めるためには、自分が「なぜ」その目標に向かっているのか、目的を常に思い出すことが大切です。目の前の取り組みが単なる作業になってしまうと、モチベーションは低下しがちになります。しかし、**自分の行動がどのように将来のビジョンや大きな目標に繋がっているかを認識**

することで、日々の努力に意味を見出すことができます。その目的がエネルギー源となり、困難な状況でも前進し続けることができるのです。

▼エネルギーマネジメント

人間のエネルギーは有限です。そのため、効率的にエネルギーを管理し、最大限に活用することが求められます。特に重要なのは、**エネルギーが最も高い時期に難しい課題に取り組む**ことです。例えば、起床後や昼食後の時間帯は、エネルギーが補充されているため集中力や理解力、吸収力が高くなります。この時間に最も重要なタスクをこなすと効果的です。

また、エネルギーを補充する方法も知っておく必要があります。適切な栄養素の補給や定期的なエクササイズは、体と心のリフレッシュに繋がります。適度な運動はストレスを軽減し、集中力を高める効果があります。さらに、休息やリラクゼーションもエネルギー管理には欠かせません。**忙しい日々の中でも、意識的に休憩を取り入れる**ことで、長期的なパフォーマンスを維持することができます。

継続からの成長は一朝一夕に得られるものではありませんが、正しいマインドセットとエネルギーマネジメントを実践することで、その道のりは確実に短くなります。常に前向きな姿勢を保ち、自分自身の可能性を信じて行動し続けることが、最終的な成功へと繋がるのです。

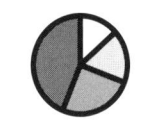

継続の壁「面倒くさい」を乗り越える生成ＡＩ活用術

新しいチャレンジの第一歩を踏み出したり、そのことを継続したりする際に抱く「面倒くさい」という感情は、多くの人が経験するものです。そんなとき、生成ＡＩの活用が大いに役立ちます。

生成ＡＩを活用するメリット

生成ＡＩを活用する最大のメリットは、**はじめの一歩を踏み出すハードルを低くできる**ことです。ゼロから何かを始めるのは常に大変ですが、生成ＡＩを使えばその負担が軽減されます。たとえ粗くても質問を投げかけてみるだけで、具体的なアイデアや方向性を示してくれるので、それだけで一歩前進します。また、一人で考えているよりもはるかに時間の節約になるため、他の重要な作業に時間を割り当てよう、という心の余裕も生まれてきます。

実例としてはまず、**文章のラフを書いてもらう**活用法が挙げられます。ブログ記事やレポート、メールの下書きなど、冒頭部分をどう書くか悩むことが多いのではないでしょうか。ChatGPTを使えば、テーマを入力するだけで基本的な構成や内容のラフが生成されます。これにより、ゼロから書き始める負担が軽減され、執筆のスピードも向上します。

他にも、**動画の台本を作成**する際のサポートにも便利です。ユーチューブチャンネルを運営する場合や、プレゼンテーション動画を作成する際、構成や内容を考えるのは大変な作業です。ChatGPTを利用して、動画のテーマや視聴者像を入力することで、具体的な台本のラフが生成されます。その台本をもとに、自分のアイデアを加えていくことで、効率的に質の高いコンテンツを作り上げることができます。

また、**志望動機のラフを作成**する際にも生成AIは有用です。転職活動や複業案件の応募の際、効果的な志望動機を書くことは重要ですが、一から考えるには時間がかかります。ChatGPTに自身の経歴や応募する理由を入力すると、適切な志望動機のラフが生成されます。それをもとに自分の言葉で仕上げることで、短時間で質の高い応募書類を作成することが可能です。

さらに、**ビジネスプランの作成**にも生成AIを活用できます。新しいビジネスアイデアを考える際、そのアイデアを具体化し、計画書としてまとめるのは難しい作業です。ChatGPTにアイデアの概要や目標、市場を入力すると、ビジネスプランの基本的な構成やポイントが提案されます。これをもとに詳細を詰めていくことで、しっかりとしたビジネスプランを効率的に作成することができます。

その他にも、**商品レビューの作成やキャッチコピーの考案**など、多岐にわたる作業に生成ＡＩは役立ちます。新商品を紹介するブログ記事を書いたり、ＳＮＳでのプロモーション投稿を作成したりする際、ＣｈａｔＧＰＴに商品の特徴や読者層を入力するだけで、魅力的な文章が生成されます。

さらに、生成ＡＩは24時間いつでも利用可能であり、誰でも簡単にアクセスできる点も大きな魅力です。忙しい日常の中で、「面倒くさい」を乗り越えるのにとても有効なので、ぜひ活用しましょう。

▼効果的なプロンプトの作成方法

生成ＡＩを最大限に活用するためには、効果的なプロンプトの作成が重要です。プロンプトとは、生成ＡＩに対して入力する指示や質問のことを指します。

プロンプトは**具体的で詳細な指示を記載**することが重要です。例えば、「ブログ記事のラフを作成して」だけではなく、「ブログ記事のテーマは『複業の始め方』で、具体的なステップと成功事例を含めて」というように、詳細な内容を指定することで、生成される文章の質が向上します。

次に、**目的や対象読者を明確に**することが大切です。生成ＡＩに対して、「この文章はビジネスパーソン向けで、キャリアチェンジに関するアドバイスがほしい」というように、対象読者の情報を提供することで、より的確な内容が生成されます。

また、**生成ＡＩにフィードバックを与える**ことも効果的です。生成された文章に対して、「この部分をもっと詳しく」「この情報は不要」など、具体的なフィードバックを与えることで、ＡＩの出力を調整し、自分の求める内容に近づけることができます。

さらに、**複数のプロンプトを試してみる**こともおすすめです。一つの指示だけでなく、異なるアプローチで複数のプロンプトを入力することで、多様な視点からのアイデアを得ることができます。これにより、より広範な情報やアイデアが集まり、最終的な成果物の質が向上します。

このように、生成ＡＩを活用することで、「面倒くさい」という感情を乗り越え、キャリアのポートフォリオ化における様々な作業を効率的にこなすことができます。なお、この節の文章は下書きにＣｈａｔＧＰＴ４ｏを使用し、10分程度で執筆しています。生成ＡＩを使いこなすことで、その日のやる気や体調に影響されないルーティンを作り出すことができます。

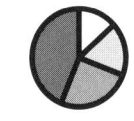

焦らず継続するために知っておきたい学習曲線

焦らず継続するために、知識が大きな力となることがあります。知識を持つことは単なる情報の蓄積にとどまらず、成長と目標達成に向かう継続力を支える助けともなります。ここでは学習曲線という知識を例に説明しましょう。

▼学習曲線と理想の成長直線とのギャップ

学習曲線とは、新しいスキルや知識を習得する際において、成長の速度や過程を表したものです（図表7-1）。この概念は、1885年にドイツの心理学者ハーマン・エビングハウス氏によって提唱されました。学習曲線は、横軸に学習時間、縦軸に学習の成果を取るグラフであり、時間の経過とともに成長の段階が示されます。この曲線は通常、準備期、発展期、高原期という三つの段階に分けられます。

まず、**準備期**は新しい知識やスキルを学び始める段階です。準備期は非常に重要な期間でありつつも、目に見える成果はまだ少ないため、挫折しやすい時期でもあります。新しい習慣を日常に取り入れるために多くのエネルギーが必要ですが、ここでの努力が後の発展期に大きな効果をもたらします。

次の**発展期**では学んだ知識やスキルが急速に身についていく時期です。この時期には成長が目に見える形で現れるため、モチベーションも高まりやすいです。発展期は学習が効率的に進み、成長を実感しやすいため、学習意欲も自然と高まります。

図表7-1　学習曲線

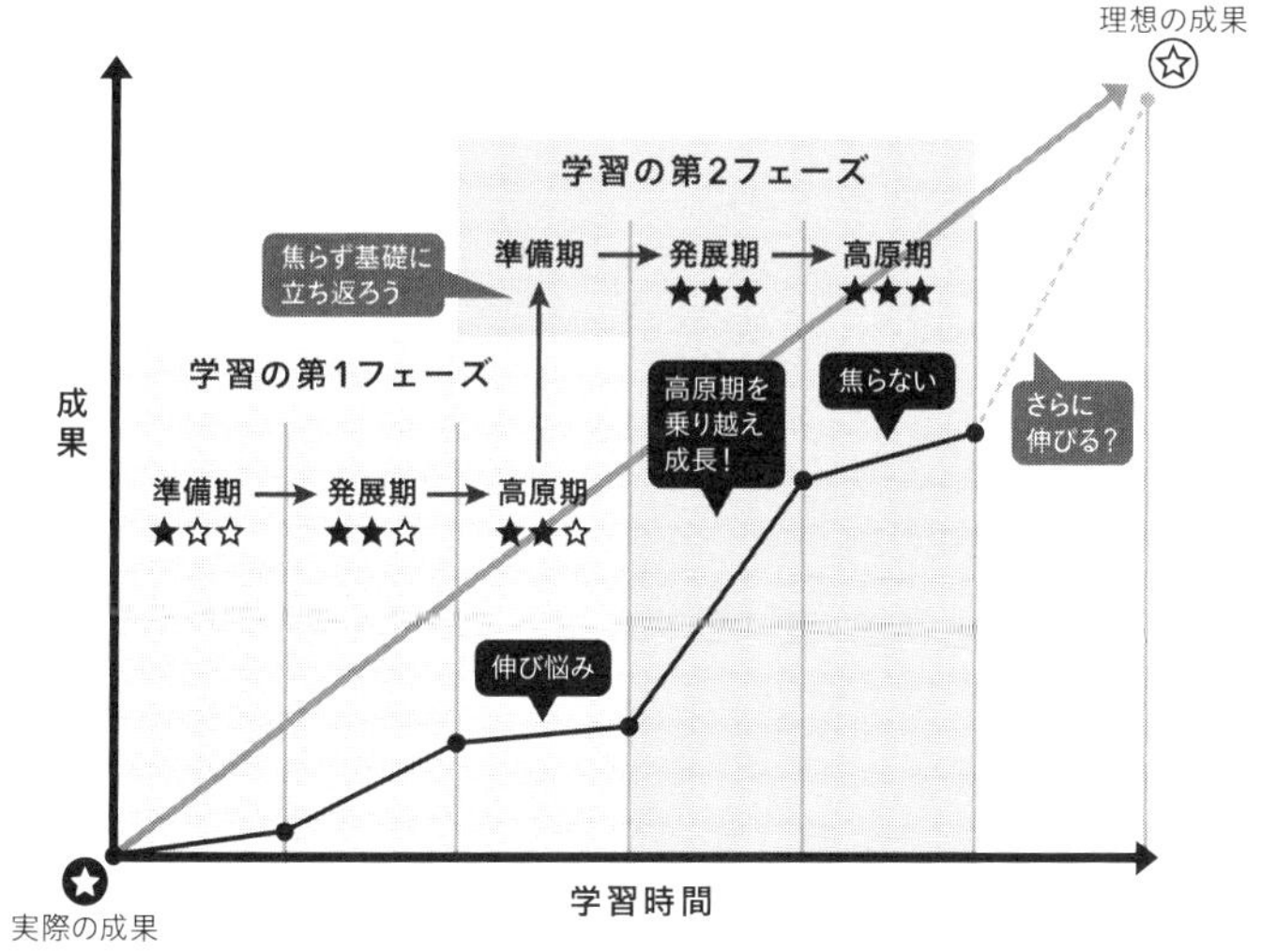

最後に、**高原期**があります。この時期には成長が一時的に停滞してしまうため、やる気を失い挫折してしまう人も多くなります。高原期を乗り越えるためにはいくつかの対策が必要です。

まず、**高原期が来ることを知っておくことが重要**です。スキルの上達が停滞するのは自然な現象であり、そのことを理解していれば、予期せぬ挫折感に打ちひしがれることなく対処できます。次に、**学習方法を見直すことも大切**です。異なるアプローチを試すことで、停滞を突破する新しい道が開けることがあります。また、学習の目標を再設定し、小さな成功体験を積み重ねることで、モチベーションを維持しやすくなります。

私も含めおそらく多くの人は、努力したことはそのまま結果に直結するという理想を持っていると思います。ですが、現実は努力と成果が正比例で伸びていく単純な直線にはなりません。**成長には波があり、伸び悩み期間を経て再び成長することを理解しておく**ことが大切です。このギャップを理解することで、焦らずに継続する力が養われます。

▼知識は力になる

知識は純粋に自分の財産となります。学んだ知識やスキルは誰にも奪われることなく、常に自分の強みとして活用できます。

しかし、それ以上に重要なのは、**将来起きるであろう現象をあらかじめ知識として持っておくことで、自分のやる気をコントロールできるようになる**点です。高原期の存在を知っていれば、学習や成長の伸び悩みが訪れても「これは一時的なものだ」と理解し、冷静に対処できます。この予見能力により、挫折感や不安に押しつぶされることなく、淡々と努力を続けることが可能になります。知識を持つことで、予測可能な未来に対する備えができ、結果として長期的なモチベーションを維持する力となるのです。成長は一夜にして成し遂げられるものではありませんが、正しい知識と理解を持つことで、その道のりは確実に見えてきます。

継続力を手に入れる小さな一歩と習慣化の秘訣

井上新八（いのうえ・しんぱち）

フリーランスデザイナー／習慣家。1973年東京生まれ。和光大学在学中にサンクチュアリ出版の元社長・高橋歩氏に声をかけられ、独学でブックデザイン業を始める。大学卒業後、新聞社で編集者を務めたのち、2001年に独立しフリーランスのデザイナーに。自宅でアシスタントもなく、年間200冊近くの本をデザインする。趣味は継続、映画、酒、ドラマ、アニメ、ゲーム、マンガ、掃除、ダンス、納豆。2023年に初の著書『「やりたいこと」も「やるべきこと」も全部できる！続ける思考』（ディスカヴァー・トゥエンティワン）を刊行。

撮影：中里楓

――井上さんの著書に『続ける思考』がありますが、継続が重要なのはわかっていても、継続できないと悩んでいる人は多いです。続けられない人に向けての第一歩のコツは何ですか？

井上氏：確かに継続が重要だと理解していても、実際に続けるのは難しいと感じている人が多い気がします。しかし、**「継続が難しい」と感じているのは、考え方を間違えているだけかもしれません。**初めから難しい目標を設定したり、目的や意味を重視しすぎているのではないかと思います。つまり、いきなり「修行」を始めているんじゃないかと。修行って、つらくないですか？　私は嫌いです。

そうした意味からも、私が考えている**継続の第一歩は、「小さなことから始める」こと**なんです。最初は簡単な、小さな目標を設定し、それをクリアすることから始めてみてください。例えば、毎日起きたら窓を開けて外の写真を撮る、日記を1行だけ書く、5分だけ読書をするなどの小さなことから始めることです。やる気に頼らず、**無理せずできることを見つける**といいと思います。

人は何かを始めるとき、効率や成果を求めようとしますが、それが継続の妨げになっている気がします。**最初は成果を求めず、ただ「続ける」ことだけを目標にしてもいい**のでは？　と思います。まずは「続ける」ことだけを考える。続けることに慣れてきたら少しずつハードルを上げていく。目標を考えるのは、その後でもいいと思っています。小さな達成が、やがて大きなうねりになる。続けるというのはそういうことだと考えています。だから小さくてもいいから「ずっと続けること」が大事だと思っています。

やることは何でも構いません。継続のコツは「まずやってみる」ことだと思っています。**くだらないことでもいいから、まずは何かやってみる。**やることは何でもいいんです。「何のため」より**「何となく」が大事**、そう思っています。何でもいいから小さな一歩を踏み出す。それを続けることで、小さな変化が起きて、それがやがて大きな変化になっていきます。苦行というより、ゲーム感覚で「継続」を楽しむ。それが「正しい継続」だと思っています。

――「正しい継続」についてもう少し詳しく教えていただけますか？

井上氏：私が思う「正しい継続」は、「成果を求めない」ことだと思っています。もちろん何かを始めるときは、うまくなりたい、達成したい、それを第一に考えると思いますが、いったんそれらを忘れて、「続ける」ことだけを意識するんです。「継続」は手段ですが、手段自体を「目的」として考える。**継続することだけにフォーカスして、その過程や変化を楽しむ**。「どうやったら続くかな？」ということを楽しみながら考えると、「継続」がゲームのように楽しくなっていくと思います。

繰り返しになりますが、継続のコツはやっぱり無理をしないことだと思います。例えば、毎日英単語を50個覚えるという目標を設定するのではなく、毎日1個覚えるといった小さな目標にする。1個覚えるのもしんどければただ読むだけにするとか。とにかく小さくするんです。無理をせず、「続ける」ことだけに焦点を当て、「どうやったら続くかな？」という視点で考え、試してみる。

無理せず続けられることが見つかったら、次は「**仕組み化**」が大切です。これは「**小さな前置きを設定する**」と言い換えてもいいかもしれません。例えば、毎日読書をすると決めたら、読む前にコーヒーを淹れる習慣を作る。「本を読もう」と思うとハードルが高いけど、まず「コーヒーを淹れる」と考える。コーヒーを淹れたら、飲みながら読書。こういう小さな行動の流れを作ることを「仕組み化」とか「前置きを設定する」と、私は呼んでいます。二つの小さな行動をセットにすると、読書のように「大変だ」と思えていたことも、意外と楽に続けられるようになります。そういう組み合わせを見つけましょう。

それから**記録を付ける**。これも大事です。というか、**記録は継続の最大ツール**だと思っています。何かをしたらカレンダーにマルを付ける。できなかったらできなかった理由をひと言書いておく。これは**継続の可視化**です。例えば、英単語を覚える場合、覚えた単語にチェックを付けることで、どれだけ進んだかを視覚的に実感できます。成果をスマホで写真を撮ってもいいし、それをインスタにアップすれば友だちと共有できるし、自分の記録にもなる。記録をコレクションとして考えると、継続が楽しいものに変わっていきます。

そして、継続において一番大事なことがあるすれば、たった一つです。それは「**毎日やる**」ことです。小さくやる代わりに毎日やる。これにつきます。大事なのは「**やらない」という選択肢をなくす**ことです。毎日が「やる日」と考える。別にやれない日はやらなくてもいい。けど、「今日はやる日？」「やらなくていい日？」それらをいちいち考えないことが継続の最大の秘訣です。

どうしてもやりたくない日には「やったフリをする」のがいいです。1秒でもいいからやる。意外に1秒でもやると最後までできたりするものです。ジョギングに行くのはきついけど、ジョギングウェアに着替える。ドアの外に一歩出る。はい、やったフリ終了！　と思ったら、ついでに走っていたりするものです。最初の一歩だけを実行することで、その後の行動が自然に続いていく。例えば、読書を毎日続ける場合、まず本を手に取って開くだけでもいいと思います。本に触るだけでもいい。この小さな一歩が、その日の目標を達成するためのきっかけになります。

「今日ぐらいやらなくていいんじゃないか？」という「**例外の日」を作ってしまいそうになる心はくせ者**です。気を抜くと、例外の日が増えていきます。今日は忙しいから。今日は旅行に来ているから。今日は他にやることがたくさんあるから。今日は気分が乗らないから。今日は少し体調が悪いから。今日は二日酔いだから……。ちょっとお休みしたくなる「例外の日」がどんどん増えていきます。これが続けられなくなる大きな要因になります。結果として、いつの間にか自然消滅してしまうのです。だからこそ**「1秒でもいいからやる」ことが大事**です。

どうしてもやりたくない日の魔法の言葉は、「休むなら明日」です。どうしても休みたいときには「明日休む」と決める。今日だけはやる。明日は休んでもいい。そう思って毎日を過ごす。これをずっと続けると、……続きます。ま、たまには本当に休んだ方がいいですが、これで意外にどうにか乗り切れます。

「わくわくする小さな冒険を翌日に仕込む」のもいい方法です。

そのために有効なのが、小さな目標ややってみたいことを1行メモとして残しておく方法です。例えば、打ち合わせがあり、行ったことがない駅に向かう場合、事前にどんなお店があるか調べて、ランチはそこで食べようとメモする。これだけで未来の楽しみを仕込むことができます。他にも、私は毎日15分だけゲームをやっているんですが、明日ここまでは進めたいという小さな目標をメモして、「明日が楽しみ」な状態を常にキープしています。そんな1行メモ程度のことでも、明日にわくわくできるようになるものです。そうやって明日が楽しみな状態を作っておくことも、継続の大事な要素だと思います。

――何かを始めるタイミングはいつが好ましいですか？

井上氏：それは「**今すぐ**」ですね。いつか始めようと思っても、おそらくその「いつ」はいつまでも来ません。そんなに人の意志は強くない。本当にやりたいと考えているのであれば、「まずやってみる」ことが重要です。おすすめは、**朝起きたらすぐにできて、すぐ終わること。なおかつ毎日やれること**かなと思います。

●起きた時間をメモに記録する
●起きたら窓を開けて深呼吸する

意味なんかなくて構いませんし、本当に何でも大丈夫。今までやっていなかったことを意識的に一つだけやってみることで、「小さな継続」が始まります。終わったら手帳でもカレンダーでも何でもいいのでチェックマークを付けて、記録しておく。

簡単なことが1週間続いたら、少し難易度を上げてもう一つ別の小さなアクションを足してみる。例えば

●起きた時間を記録したら、1行だけ前日の日記を書く
●外の空気を吸ったあと、ゆっくり10回スクワットする

小さなアクション、**すぐに終わるものを二つセットにして一つの習慣と考える**といいです。先ほどいった「仕組み化」ですね。二つをセットにすると続きやすくなります。

片方を忘れても片方を覚えていれば継続できます。歯磨きとスクワットとか同時にできて、すでに習慣になっていることとセットにするのも効果的です。こうやって小さなセットをいくつか作って、それを繋げて自分な

りのルーティンを作っていきます。

何かやりたいことがあって、でも時間がなくてできないということがあれば、**5分でできることに分解して考える**。「たった5分？」と思うかもしれませんが、集中した5分は決して短くないです。たった5分。でも、それを毎日繰り返す。大切なのは毎日欠かさずやること。5分を1年続けるとそれなりの変化が実感できます。

――1日5分の継続でも変化は訪れますか？

井上氏：**1日5分は、あなどれないです。ある意味、神**だと思います。私はだいたい1日5分でできることで、いろいろなものを考えていますが、1年続けたら、すごい変化が起きて驚いたことがいくつもあります。例えばダンス。毎朝5分だけダンスの練習をしたんですが、これは驚くほど変化が大きかったです。それは48歳（＝しんぱち歳）の誕生日に向けて1年かけて練習した習慣で、「マイケル・ジャクソンのダンス動画をマネして踊れるようになること」を目標に始めました。

始めた理由ですか？　純粋に「**踊れたらいいな**」と思ったからです（笑）。きっかけは本当に「何となく」です。**やると決めて翌日から始めました。**

❶目標（ゴール）を決める
❷具体的な手段を考える
❸まずできることを一つやる
❹やると決めたら毎日やる

❺ 考えながらコツコツやっていく

ゴールは「1年後の誕生日に振り付けを覚えてダンスの動画を撮る」ことです。動画を観て、見よう見まねで、1日1秒分の振り付けを覚えると決めて、とにかく毎日練習しました。1日1秒、365日あれば5分のフリも覚えられるのでは？　という発想です。1日5分。仕事が激務でも、用事があっても、旅行中でも、とにかく毎日5分。

本当に1年365日、1日も休まずにやりきりました。たった1日5分だけですが、毎日やりました。結果、どうだったかというとクオリティは自分ではわからないですが、きちんとフリを覚えて踊り切りました。動画も公開しているので、興味がある方はｎｏｔｅで公開してるので探してみてください（本当は見てほしくないですが）。

これで目標を達成できたのかというと、それはわかりません。とにかく、**「自分との約束は守った！」**ということだけです。本当にそれだけです。自分としては「よくやった！」と思っているので、それでいいんです。

それから3年以上経ちますが、毎日5分、今でも踊ってます。大事な習慣ができました。

「1日5分、毎日続けたら人生が変わる」なんて大層なことは言えません。そんな簡単に人生は変わらないし、大したことは成し遂げられないかもしれません。でも、こうやって**自分との約束を守りながら、地道に少しずつ自分に厚みを足していくこと、1ミリでもいいから自分を前に進めること、それが人生における大切なこと**だと思っています。

みなさんも、ぜひ継続の楽しさを知っていただけると嬉しいです。

おわりに

ここまでお読みいただいた皆様に心から感謝いたします。自分自身のキャリアに真摯に向き合い、ポートフォリオ化することは人生の自由度を高めるための礎となるでしょう。変化の激しい時代において、この考え方が多くの人々にとっての羅針盤となることを願っています。

私は「自由度」は認識の幅に依存すると考えています。人間は知っている範囲からしか選択できず、その選択の幅が広ければ広いほど自由だということです。

認識の幅はどうしたら広がるのか。それは知識と行動の量に比例します。日本1周するといった物理的な移動はもちろん、書籍を読んだり、講座に出たりして知識を身につけることも立派な行動力です。

自分が経験している、あるいは他者の経験（歴史）を学んでいるから、視野が広がり、選択肢が増えます。自分の意志で進む方向を選ぶことができるようになることで、結果として人生の自由度が上がるわけです。人生の残り時間をなんとなく生きてしまうのは実にもったいないことです。

私はよく、「知っているけどやらないことと、知らないからできないことはまったく違う」という話をします。知識を保有した上で、やるかやらないかを「自分の意志できちんと選択している」ことが重要なのです。

自分で選んでいる生き方と、誰かの判断に流されている、あるいはそもそも選択肢があることにすら気づかない生き方では、1年後のポジションは大きく変わってくるでしょう。

人間は習慣の生き物です。生活の99％は習慣で行動しています。

朝起きる、懸垂する、ご飯を食べる、顔を洗う、SNSをチェックする、通勤電車に乗る、スマートフォンでゲームをする、メールをチェックする、つまらないミーティングに出る、ランチを食べる、コーヒーを飲む、眠気をこらえて企画書を作る、理解度の低い上司に説明する、適当に残業する、同僚と飲みに行く、寝落ちする。

といった感じです。多少の違いはあると思いますが、ほぼ毎日ルーティンになっていませんか？

新しいことは意識しないと行動に移せませんし、普段と違うことを行うのはエネルギーを使います。でも、たった1％の時間で良いので、今までとは違ったことにチャレンジしてみませんか？

違うことと言うと構えてしまうかもしれませんが、ビジネス書しか読んでいない人が小説にチャレンジすることも、興味を持った講座に申し込んでみることも「昨日までと違うこと」です。

ちなみに英語で「One New Thing A Day」という言葉があります。直訳すると「一日一つ新しいことをやる」です。海外でも同じような言葉があるんですね。

新しいことを始めるのに、勇気なんて必要ありません。必要なのは知識と、ちょっとだけの行動力です。一度動き出せば、自転車のように、転げ落ちる雪玉のように加速度が増していきます。ぜひ1歩、前へ踏み出してみてください。未来は予言できません。でも自分が望む未来を作り出すことは可能です。

最後に改めて聞きます。今日、どんな新しいことをしましたか?

2024年11月　染谷昌利

著者プロフィール

染谷昌利（そめや・まさとし）

1975年生まれ。株式会社MASH 代表取締役。12年間の会社員時代からさまざまな副業に取り組み、2009年にインターネット集客や収益化の専門家として独立。

現在はブログメディアの運営とともに、コミュニティの運営、書籍の執筆・プロデュース、企業や地方自治体のアドバイザー、講演活動など、複数の業務に取り組むポートフォリオワーカー。

CBCテレビ、読売新聞、『The 21』『広報会議』『週刊SPA』などの媒体に掲載。

著書に『ブログ飯 個性を収入に変える生き方』（インプレス）、『Google AdSenseマネタイズの教科書［完全版］』（日本実業出版社）、『ブログの教科書』『世界一やさしい アフィリエイトの教科書 1年生』（以上、ソーテック社）など多数。

スタッフリスト

ブックデザイン	沢田幸平（happeace）
本文図版＆DTP	井上敬子
校正	荒岩央実（株式会社東京出版サービスセンター）
デザイン制作室	今津幸弘
デスク	今村享嗣
編集長	片岡 仁

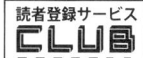

■商品に関する問い合わせ先
このたびは弊社商品をご購入いただきありがとうございます。本書の内容などに関するお問い合わせは、下記のURLまたは二次元バーコードにある問い合わせフォームからお送りください。

https://book.impress.co.jp/info/

上記フォームがご利用いただけない場合のメールでの問い合わせ先
info@impress.co.jp
※お問い合わせの際は、書名、ISBN、お名前、お電話番号、メールアドレス に加えて、「該当するページ」と「具体的なご質問内容」「お使いの動作環境」を必ずご明記ください。なお、本書の範囲を超えるご質問にはお答えできないのでご了承ください。

●電話やFAXでのご質問には対応しておりません。また、封書でのお問い合わせは回答までに日数をいただく場合があります。あらかじめご了承ください。
●インプレスブックスの本書情報ページ　https://book.impress.co.jp/books/1124101023 では、本書のサポート情報や正誤表・訂正情報などを提供しています。あわせてご確認ください。
●本書の奥付に記載されている初版発行日から３年が経過した場合、もしくは本書で紹介している製品やサービスについて提供会社によるサポートが終了した場合はご質問にお答えできない場合があります。

■落丁・乱丁本などの問い合わせ先
FAX　03-6837-5023
service@impress.co.jp
※古書店で購入された商品はお取り替えできません。

ポートフォリオ型《がた》キャリアの作《つく》り方《かた》
「複業力《ふくぎょうりょく》」で変《か》わる働《はたら》き方《かた》、そしてお金《かね》と自由《じゆう》

2024年11月11日　初版発行

著者　染谷昌利《そめやまさとし》
発行人　高橋隆志
編集人　藤井貴志
発行所　株式会社インプレス
〒101-0051　東京都千代田区神田神保町一丁目105番地
ホームページ　https://book.impress.co.jp/

印刷所　株式会社暁印刷
ISBN 978-4-295-02044-8 C0034
Printed in Japan